Deja tu huella

ALIZA LICHT

Deja tu huella

- **CONSIGUE EL TRABAJO DE TUS SUEÑOS**
- **TRIUNFA EN TU CARRERA**
- **DOMINA LAS REDES SOCIALES**

PRÓLOGO DE DONNA KARAN

AGUILAR

Deja tu huella
Consigue el trabajo de tus sueños. Triunfa en tu carrera. Domina las redes sociales

Título original: Leave Your Mark
Publicado por acuerdo con Grand Central Publishing,
Hachette Book Group, New York, NY.

Primera edición: enero de 2016

D. R. © 2015, Aliza Licht

D. R. © 2016, derechos de edición mundiales en lengua castellana:
Penguin Random House Grupo Editorial, S. A. de C. V.
Blvd. Miguel de Cervantes Saavedra núm. 301, 1er piso,
colonia Granada, delegación Miguel Hidalgo, C. P. 11520,
México, D. F.

www.megustaleer.com.mx

D. R. © 2015, Elena Preciado, por la traducción
D. R. © 2015, Donna Karan, por el prólogo
D. R. © 2015, Jennifer Heuer, por el diseño de portada
D. R. © 2015, Hachette Book Group, Inc., por el forro
D. R. © 2015, Gerardo Somoza, por la fotografía de la autora

ISBN: 978-607-31-3831-4

Impreso en México – *Printed in Mexico*

El papel utilizado para la impresión de este libro ha sido fabricado a partir de madera procedente
de bosques y plantaciones gestionadas con los más altos estándares ambientales, garantizando
una explotación de los recursos sostenible con el medio ambiente y beneficiosa para las personas.

Penguin
Random House
Grupo Editorial

3 3090 02197 6248

Para David, Jonathan y Sabrina,
los amo más que a nada en el mundo.

En homenaje amoroso a mi padre,
el doctor Michael Bernfeld, quien dejó su marca
en todo aquel que lo conoció.

Índice

PRIMERA PARTE. CONSIGUE EL TRABAJO DE TUS SUEÑOS

SEGUNDA PARTE. TRIUNFA EN TU CARRERA

TERCERA PARTE. DOMINA LAS REDES SOCIALES

CUARTA PARTE. CREA TU PROPIA MARCA

Prólogo de Donna Karan

Me inspiran las personas con pasión: sientes su energía, mueven tus emociones más profundas, generan impulso y entusiasmo. Queremos involucrarnos con ellos y estar a su alrededor. En tu carrera no puedes tener éxito a menos que sientas pasión por lo que haces. La pasión lo es todo.

Aliza Licht tiene una verdadera pasión por la moda. Ha trabajado diecisiete años en Donna Karan International; soy testigo de ello. Esta mujer expresa su pasión en mis palabras con "C": conecta, comunica y colabora. Además lo hizo con creatividad, celebridades, conversación y comunidad (medio millón de seguidores en Twitter… ¡es una comunidad!) Ahora decidió escribir un libro sobre otra "C": carrera. No creo que haya una mentora mejor para ayudarte a empezar.

Me apasiona ser mentora porque le debo mucho a quienes me guiaron a través de los años. Anne Klein, mi primera jefa, fue la persona que más influyó en mí y me aconsejó. Me enseñó a confiar en mis instintos. También tenía una ética laboral sorprendente, por eso me despidió cuando creyó que no tomaba en serio mi trabajo. Tenía diecinueve años y estaba devastada. Poco después entré a trabajar con Patti Cappalli, otra diseñadora que se convirtió en mi mentora. Trabajé muy duro y aprendí la importancia de la disciplina. Un año después, Anne Klein estaba buscando una asistente de diseño y apliqué. Por suerte, me dio una segunda oportunidad. Anne murió unos años después y me ofrecieron la dirección de la marca. Como se dice, el resto es historia.

Anne y Patti fueron muy generosas conmigo. De maneras diferentes, me mostraron que diseñar era un negocio en el que hay que trabajar duro. Como resultado de su ejemplo, guiar talentos jóvenes es uno de mis placeres más grandes. Cuando se puede, trabajo con estudiantes de diseño en Parsons The New School for Design, feliz de ser ahora la que devuelve el favor y ayuda a otros como me ayudaron a mí.

Los mentores nos forman, guían y dejan aprender de sus éxitos y errores. Son el hermano mayor de nuestras vidas profesionales. Nos ayudan a crecer y a descubrir capacidades. Otorgan el impulso necesario, el estímulo. Nos retan a dar lo mejor y, si son buenos, también son duros con nosotros. Los mentores no están para adular, sino para ayudar.

Tal vez no todo el mundo sea tan afortunado como yo lo fui al encontrar una gran consejera… aquí es donde entra este libro. Aliza es la máxima mentora porque es el mejor modelo a seguir. Respalda lo que dice, no sólo con palabras, sino con hechos. Como emprendedora, Aliza hace que las cosas pasen. Todo es posible con ella. Si no sabe algo, es la primera en buscar y encontrar alguien que sí lo sepa. Como todos los grandes comunicadores, Aliza es un "nosotros" en vez de un "yo".

Aún más importante, es una mujer abierta a nuevas ideas y modos de hacer las cosas. Estuvo en el *top* de las redes sociales mucho antes que el resto de nosotros. El éxito de DKNY PR GIRL es resultado de la fuerza de su personalidad: provee una razón para seguir en contacto con las noticias de la marca, los chismes y el *girl talk* (hablar de cosas de mujeres). Vislumbró la increíble plataforma que pueden ser las redes sociales.

El éxito de Aliza en internet me recuerda los inicios de mi compañía. El objetivo era diseñar ropa para mis amigos y yo, nada más. ¡Pronto descubrí que tenía muchos amigos! De eso se trata el éxito: creer en algo e ir por él. Si algo te llama la atención, la probabilidad de que a otras personas también es enorme.

Aliza sabe que todo en la comunicación se trata del toque personal. Es accesible, ingeniosa, compartida. Se conecta con el mundo porque primero lo hace a nivel interior. No puede evitarlo, está en su ADN. Como ella misma dice, este libro no es un "cómo hacerlo", es un "¡hazlo!" Léelo, inspírate, sal de tu caparazón y aduéñate de tu pasión.

Las historias en este libro son reportes auténticos de experiencias que viví o aprendí a lo largo de mi carrera, contadas de la mejor manera desde mi memoria. En la mayoría he cambiado los nombres, el género o los rasgos característicos de las personas mencionadas. Para este fin, también he distorsionado la cronología o los escenarios de algunos relatos. Cambié los títulos de las revistas para las que trabajé por títulos franceses. Podría haberlos dejado, pero ¿para qué? ¿Qué hay de gracioso en eso? Además, las circunstancias y condiciones del trabajo que describo en ellas ocurrieron hace muchos años y quizá ya no reflejan lo que pasa en la actualidad.

Con el fin de fluir, no importa qué historia cuente, casi siempre hablaré en masculino para ser más general. Pero recuerda, tienes toda la libertad para cambiar el género de los actores como a ti te guste.

Los consejos y secretos en este libro son estricta y exclusivamente mi visión. Son lecciones aprendidas a lo largo del camino y no reflejan las opiniones de mis empleadores y jefes pasados o presentes.

Al final del libro hay un glosario de términos vinculados con el mundo de la moda y de las redes sociales que harán más fácil y compensible la lectura de *Deja tu huella*.

Introducción

"¿Quién luce mejor?" Apareció de repente en la pantalla de mi computadora. Soy ejecutiva de relaciones públicas de una de las marcas más lujosas y con más prestigio internacional. Así que seguir las tendencias de estilo y las coberturas de los famosos en la alfombra roja es parte de mi trabajo diario. "¿El estilo del Dior de encaje de Charlize fue tan bueno como el Armani de Cate? ¿Ahora, qué accesorio usó Gaga?" Me encantaba observar cosas como ésas, pero esta vez era diferente.

Me había topado con un post casual que comparaba mi avatar con Jennifer López. Seré más específica. En un blog de moda, alguien confrontó de manera inteligente dos prendas. Por un lado, el vestido que usaba el avatar de Twitter de mi compañía (un dibujo a mano que ilustraba una chica a la moda), por el otro, una imagen de Jennifer López donde usaba un jersey drapeado idéntico a un vestido rosa de Donna Karan. ¿Esta bloguera *en verdad* estaba comparando a una persona común con una famosa celebridad? "Bien hecho", pensé. No sé si quería atrapar mi atención o no, pero lo logró.

Después de una rápida visita al blog, supe que su nombre era Jenna y vivía en Austin, Texas. Era evidente que tenía buen juicio para analizar estilo y su escritura era sarcástica, un rasgo de personalidad que me encanta. Decidí seguirla en Twitter.

Conforme pasaron las semanas, nos volvimos amigas en la red, a cada rato nos tuiteábamos para chismear sobre esto o aquello. Un día, recibí un mensaje directo de ella preguntando si me podía enviar un *email* con algunas preguntas relacionadas con su carrera. La petición de Jenna era una más de las incontables que recibía (en especial por este medio). Pero como orientar y aconsejar ha sido siempre mi pasión, de inmediato le mandé mi dirección de *email*.

En cuestión de minutos, lo recibí. De hecho, no era un *email* normal: era una novela. Jenna decía que trabajaba en una empresa de pasto artificial, pero que amaba la moda y en verdad quería probar suerte en este campo. Seguían más párrafos. Supe que las respuestas que necesitaba serían largas, así que le respondí con un simple texto: "LLÁMAME".

Unos minutos después sonó mi teléfono. Hablamos durante mucho tiempo y casi parecíamos buenas amigas poniéndonos al corriente (esto refleja el sentido de comunidad que logras con la gente a través de Twitter). Tenía muchos consejos que darle. El principal era que si de verdad quería entrar en el mundo de la moda, debía estar en Nueva York. *Suspiro.* Sé que es mucho más fácil decirlo que hacerlo. Es duro dejar a tus amigos y familia, tomar tus cosas y mudarte a otro estado sin tener un trabajo. De hecho, es aterrador, y eso sin mencionar que *en verdad* es muy caro. Sabía que Jenna colgaría el teléfono con un gran peso en el corazón y un remolino en la cabeza.

Una tarde, como cinco meses después, mientras me ponía al tanto de la Semana de la Moda en París, vi un tuit de Jenna. Pedía que votaran por ella en un concurso de blogueros. El premio era un puesto para bloguear durante un año en Nueva York.

Junto con otros de sus amigos, retuiteé su petición, animando a la gente a votar. Quedó entre las finalistas y la llevaron a Nueva York. Organizamos nuestro encuentro. Cuando Jenna llegó a la oficina, parecía como si me reencontrara con una amiga a la que no veía en años.

Un mes después, Jenna supo que, por desgracia, había perdido el concurso, pero no se dio por vencida. Por medio de sus contactos en internet, descubrió que había una vacante de redes sociales en una agencia de relaciones públicas en Nueva York. Esta oportunidad y su viaje anterior solidifica- ron lo que había sentido desde nuestra primera conversación telefónica: debía mudarse.

Sin darle vueltas, Jenna empacó su vida en Austin y se fue a Nueva York. No tenía departamento ni trabajo. Se quedó en el sofá de un amigo y consiguió empleo etiquetando abri- gos para juntar algo de dinero. Cuando me llamó y me contó lo que hizo, me impresioné. Había tomado nuestra conversa- ción muy en serio. Estaba ansiosa. Quería una carrera en el mundo de la moda y estaba haciendo todo para conseguirla. *Bien por ella.*

A veces, cuando aprovechas una oportunidad, tienes suerte. Una semana después de su mudanza, obtuvo una en- trevista en la agencia de relaciones públicas (RP). Antes de la entrevista, de forma muy educada, me pidió ser su referencia. Para ser honestos, no doy referencias a la ligera. De hecho, nunca había trabajado con Jenna, pero sentía que conocía sus habilidades en las redes sociales por su blog y sus tuits, y me agradaba como persona. Claro que eso no era evidencia para darle una referencia, pero siempre me guío por mi instinto y esta vez me decía que Jenna sería un buen recurso para cualquier compañía que la contratara. Se la di, se expresó bien en la entrevista y a la semana le ofrecieron el trabajo.

Seis meses después, tuve que contratar una nueva asistente y quería encontrar a alguien que también tuviera experiencia en redes sociales. Decidí que la mejor forma de encontrar a los candidatos más hábiles era en el mismo medio. Así que tuiteé un link invitando a aplicar en la página de Facebook de mi compañía, exponiendo de manera pública por qué pensaban que debían obtener el empleo. Después de eso, se les daban instrucciones para enviar su carta de presentación y currículum a recursos humanos. Cuando dicho tuit apareció en la cronología de Jenna, intuyó que debía moverse rápido. Por cierto, la acababan de despedir, pero yo no lo sabía.

En esta época, Jenna y yo éramos muy amigas, así que podía mandarme un email casual que dijera: "¡Yo quiero el trabajo! Ah, por cierto, me acaban de despedir". Esa frase habría sido por completo acorde con su personalidad original y fresca. Pero no lo hizo. Se comportó de forma profesional y aplicó, como debe ser, una estrategia que aprecié con gratitud.

Recibimos alrededor de trescientas solicitudes para el puesto de asistente. Te sorprenderías de cuántas personas volaron en el primer paso del proceso de aplicación. Los errores eran asombrosos. La escritura en los mensajes de texto era lo peor. El trato que le daban al proceso de aplicación era igual a su comportamiento social, es decir, muy muy informal. Pero no debían hacer eso porque se trataba de una prueba. Quería ver si la gente que aplicaba era lo suficientemente hábil para cambiar el chip entre la charla social y la comunicación profesional. La mayoría no lo era. Mi mente no pudo evitar pensar en Jenna y en cómo ella, de forma intuitiva, sabía la diferencia. Pero ¿podría ser tan fácil? ¿Habría encontrado en Twitter a la persona perfecta para el trabajo hacía más de un año? No podía entenderlo, así que seguí revisando los cientos de presentaciones hasta que, por último, me reuní con diez candidatos. Al final, después de un largo proceso, Jenna resultó elegida. El tuit de la chica que laboraba en una empresa de pasto artificial en Austin fue el mismo que llevó su sueño de trabajar en el ámbito de la moda al corazón de Nueva York.

· ·

La historia de Jenna es el claro ejemplo de todo lo que creo y lo que te enseñaré en este libro. Vivimos en un mundo por completo conectado. Si manejas estas conexiones de forma apropiada, su uso puede generar cosas asombrosas. El claro talento de Jenna y su instinto para comportarse de manera profesional me hizo ayudarla. Pero no es la única.

Desde 2009, he tenido el privilegio diario de compartir en Twitter mis opiniones del glamoroso, y a veces *no tanto*, mundo de la moda. Siempre en ciento cuarenta caracteres o menos. Desde esa época, de manera natural, he construido una comunidad leal de medio millón de seguidores (yo los llamo "amigos de Twitter"). No importa si escribo que los vestidos de los Óscar se han vuelto más descuidados o que me llegó una ridícula solicitud de boletos para un *fashion show*... Mis tuits ofrecen un emocionante vistazo detrás de cámaras del mundo de la moda a través del lente de las relaciones públicas. Pero ha ocurrido algo interesante en este viaje de seis años: las redes sociales se han convertido en un vehículo tanto para chismear como para ser mentora.

Miles de conversaciones me han demostrado que no importa el área de trabajo, todo el mundo se esfuerza por triunfar. La gente necesita de los demás para que la levanten cuando está deprimida o la guíen en otra dirección cuando van por el mal camino. Hablo con personas que requieren motivación para una transformación completa y otras que nada más no saben por dónde empezar. Estas pláticas han guiado a muchos a un café, a reunirse con personas que quieren una lluvia de ideas para saber cómo hacer el siguiente movimiento de su carrera. Lo entiendo. En los viejos tiempos, a mí me hubiera *encantado* ir por un café con alguien que ya hubiera tomado alguna de las decisiones difíciles que yo enfrentaba. Aunque siempre he sido de las que devuelven el favor, ayudando a otros como lo hicieron conmigo, ¿cómo tomarte un café con todo el que te lo pide? Simplemente no se puede.

Deja tu huella es mi forma de permitirnos tomar ese café. En este libro te contaré todos los secretos aprendidos en el difícil camino y te ayudaré a conseguir el trabajo de tus sueños, *triunfar* en tu carrera, dominar las redes sociales y construir tu marca personal.

· ·

Olvida todo lo aprendido. Mi experiencia en la industria de la moda, y específicamente en las relaciones públicas, es el único curso intensivo que necesitarás. Nota: No estamos jugando, así que *prepárate*. Te compartiré información para ayudarte a manejar tu carrera en *cualquier* industria. Te enseñaré todo lo que he aprendido (y que nadie te dice) para salir adelante. Cosas como qué se debe hacer cuando adoptaste la carrera equivocada y lo descubres muy tarde o cómo conseguir experiencia cuando no la tienes. Te mostraré cómo sacarle jugo a tu periodo de prácticas y aplicarlo de modo estratégico en el trabajo de tus sueños. Te enseñaré a evaluar si estás listo para una promoción y cómo negociarla con estilo. Aprenderás cómo sobrevivir a la política de oficina y todas las cosas que tu jefe *nunca te dirá.* Cuando te des cuenta de que estás en un trabajo basura, te mostraré cómo cambiar la dirección. Te enseñaré cómo las redes sociales pueden beneficiar o dañar tu reputación y a hacer presentaciones como todo un profesional. Y cuando al fin tengas una jerarquía, te compartiré las cualidades para ser un líder agradable y motivador. **Pero es probable que lo más importante que te enseñaré es lo siguiente: TÚ eres tu propia marca y dependiendo de cómo la manejes puedes hacer crecer o destruir tu carrera.**

He aquí una gran revelación: la manera en que te etiquetas y promocionas puede pesar en tu éxito tanto o más que tus habilidades actuales. Como publicista, mi trabajo es crear mensajes y generar publicidad. Cuando pasas todo el día haciendo estrategias para lograr que la gente perciba una marca de modo positivo como yo lo hago, te das cuenta de que los mismos principios pueden aplicarse a la gente. **Muchas veces, la manera en que comunicas e influyes en los otros importa más que la idea que presentas.** Te mostraré cómo crear y formar tu propia marca personal al manipular los principios de las relaciones públicas, usando dos mundos como guía: el de la moda y el de las celebridades.

Mi carrera en relaciones públicas me guió en esta aventura de las redes sociales. Éstas no sólo han puesto al revés las "relaciones públicas tradicionales", también nos han demostrado que la influencia es trascendental y puede surgir de cualquier parte. Te explicaré en detalle cómo usar estas plataformas para crear tu marca personal. Verás la gran importancia del compromiso real y la transparencia, y aprenderás cómo conectarte con la gente contribuye a modelar y construir tu imagen.

Mi conocimiento proviene de casi veinte años de experiencia, pero ¿no es una pena que muchas veces obtengamos esta experiencia hasta que es *demasiado tarde*? Todos cometemos errores, pero ¿no sería genial no cometer tantos? Quiero darte unos apuntes para repasar: todo lo que he aprendido. Anhelo que tengas opciones y seas muy hábil para reconocerlas frente a ti. Pero más que eso, que veas tu poder para crearte un nuevo camino donde no hay ninguno. **¿Por qué esperar a aprender algo de manera difícil cuando ahora mismo te lo puedo enseñar?**

Deja tu huella **no es un libro sobre "cómo hacerlo", sino de "¡hazlo!", y en definitiva de muchos "no lo hagas".** En la obra que tienes en tus manos te llevaré a lo largo del viaje de mi carrera, el cual, te lo prometo, es todo menos tranquilo. Verás lo bueno, lo malo, lo feo, lo loco y lo divertido. He observado y escuchado de todo desde que tomé la difícil decisión de dejar la medicina para perseguir mi sueño de la infancia: el amor por la moda. A cada paso en mi carrera, he aprendido increíbles enseñanzas que puedes aplicar *sin importar el trabajo que tengas*. Las lecciones de este libro también resultarán valiosas para cualquiera que sólo desee ser mejor comunicador, al transmitir su marca personal de manera más impactante.

La vida es muy corta para dormirte en tus laureles. Tienes el poder de trazar tu propio camino al éxito. Pero te advierto, este viaje viene con mucha introspección y ardua labor. Nada es tuyo a menos que lo trabajes. Y no importa cuánto pienses que te esforzarás por obtener un lugar, te juro que será el triple.

Sé que a veces la vida puede ser abrumadora y los obstáculos parecer insuperables, pero con este libro, una lista masiva de cosas por hacer y una taza de café gigante, te prometo que podrás lograrlo todo y tener tiempo para tuitearlo.

PRIMERA PARTE

Consigue el trabajo de tus sueños

CAPÍTULO UNO

Encuentra la profesión correcta

La mayoría de las adolescentes que conocí tapizaron sus paredes con fotos de los *teen-heartthrobs* Corey Haim y Jason Patric. Yo no. Las mías estaban llenas de recortes de revistas de alta costura. Era 1988 y *Vogue* tenía una nueva directora editorial, una importante británica llamada Anna Wintour que llevó nuevas ideas a la revista. Por ejemplo, durante años las portadas de *Vogue* se caracterizaron por mostrar fotos recortadas, casi siempre rostros. Pero la primera portada de Anna exhibió una toma de medio cuerpo de Michaela Bercu. Además, la modelo israelí vestía un jersey de alta costura de Christian Lacroix combinado con... (redoble de tambores, por favor) unos jeans Guess.

Esa portada fue revolucionaria, no sólo por la forma en que Anna permitió al lector ver más de la modelo, sino por cómo la alta costura se combinaba con la ropa común. Era inaudito para la época. El genio que logró la fusión del estilo *high-low* (alto y bajo) fue Carlyne Cerf de Dudzeele. Esta mujer era una editora de moda francesa que amaba el color, los accesorios y el estilo excéntrico... ideal para una pared de habitación muy creativa e inspiradora. Esa portada fue el punto central de la puerta de mi recámara por meses.

Para mí, la moda era como debía verse la vida, sólo que amplificada. A través de las imágenes, me sumergía y vivía en ese valioso mundo. Pasé años sentada en mi cama, haciendo tarea y mirando esas paredes llenas de moda. Pero lo curioso fue que nunca tuve un solo pensamiento sobre cómo se creaba una revista. Según yo, todas esas publicaciones llegaban al puesto de revistas y a mis paredes como por arte de magia. La moda no fue una opción de carrera porque no sabía nada sobre ella y no tuve quién me guiara.

Como siempre me habían gustado las ciencias, era buena en esas clases y mi padre era un dentista reconocido con su propio consultorio, decidí estudiar para convertirme en doctora. Era buena con las manos, así que mi amor por el arte provocó un interés más específico: cirugía plástica. En mi mente, esta especialidad combinaba lo mejor de dos mundos: belleza y ciencia.

Durante la preparatoria empecé a hacer prácticas con un cirujano plástico cuya oficina era como la película *Pleasantville*. Una cerca blanca rodeaba su perfecta casita, donde los procedimientos se efectuaban a lo largo del día, casi sin dramas. Tenía un lugar en la fila de enfrente de la sala de operaciones. Al observar las cirugías cosméticas, todas parecían iguales. Me gustaba que una cirugía plástica estuviera en el negocio de hacer sentir a la gente mejor consigo misma, sin mencionar lo divertido que era ver a la mamá de tu amiga dándose un estiramiento facial sin saber que tú estabas ahí parada viendo. *Jajaja.* Estaba segura de que la cirugía plástica era el camino correcto para mí. Esa experiencia y mis calificaciones hicieron que me ganara una beca completa de cuatro años en la Universidad de Maryland, donde fui premiada con el Francis Scott Key Scholar. Mis padres estaban alucinados: su hija había sido aceptada en la escuela de medicina ¡y gratis! No pudieron firmar el papeleo más rápido.

Empecé mi carrera en neurobiología y fisiología, me iba a los laboratorios cuatro días a la semana y comía dulces de maíz para mantenerme despierta (no tomaba café... todavía). Hice el temido MCAT[1] durante mi penúltimo año de la carrera y una residencia de seis semanas en verano en un hospital de Long Island. Estaba muy emocionada por ser aceptada en el programa y confiada en que la experiencia resultaría valiosa y educativa.

Ese verano, todos los días mi alarma sonó a las seis de la mañana. Prepararme era fácil porque no importaba qué ropa ponerme. Estaría cubierta con una bata de laboratorio, a menos que estuviera haciendo rondas de cirugía, lo que significaba usar ropa quirúrgica, red para el pelo y cubrebocas. Cada día, a las siete y media se nos daba un resumen con la agenda. Nuestro programa tenía la intención de mostrarnos cómo era la realidad de ser doctor.

Cada mañana nos exponían casos difíciles, así que cuando llegaba la hora del almuerzo, estábamos ansiosos por sentarnos juntos en la cafetería para relajarnos y reflexionar sobre

---

[1] Medical College Admissions Test. (Nota de la T.)

nuestras experiencias. Cada uno tenía fuertes opiniones sobre el caso clínico, las acciones tomadas o las necesarias. Al escuchar los puntos de vista de todos, poco a poco me di cuenta de que no compartía la pasión o el entusiasmo de mis compañeros en lo que hacíamos. Pero ¿cómo era posible? Me encantaba todo lo que aprendía en la escuela y en la residencia de cirugía plástica, pero ¿odiaba las aplicaciones prácticas de estas lecciones en el hospital? No tenía sentido. Sin embargo, un sentimiento de incomodidad empezó a inquietarme y con el paso de los días se volvió más difícil ignorarlo.

Pasaba todo el día en el hospital y luego iba a casa con mi abuela enferma. Esta extraordinaria mujer padeció trece años antes una apoplejía y desde entonces vivía con nosotros. Era maravilloso vivir con ella, pero también demasiado triste ver su deterioro. Mi tiempo en el hospital combinado con la vida en casa me consumía física y emocionalmente.

Los viernes por la noche, cuando abandonaba el hospital y llegaba a casa, moría por darme un baño y escoger mi *outfit* para salir. La moda me emocionaba más que todo en el mundo. Odiaba el que no me importara lo que usaba cada día. Era como si me hubieran cortado las alas. Ponerme los quirúrgicos era horrible; me hacían sentir muy cohibida, plana y regordeta. Las redes que usábamos en el cabello durante las rondas de cirugía eran humillantes (imagina usar una gorra de baño en público) y los cubrebocas se manchaban con mi firma: lápiz labial rojo. Está claro que la ropa médica no es una razón para abandonar una profesión, pero yo buscaba cualquier excusa para convencerme de que la carrera profesional elegida era la equivocada. Sabía que si me convertía en doctora no sólo reviviría el sufrimiento de mi abuela, también debería abandonar todos mis sueños juveniles de estar a la moda.

Valía la pena examinar este presentimiento. Tenía que preguntarme: ¿Esas razones eran suficientemente grandes para dejar la medicina? Sólo había desperdiciado tres años trabajando por una carrera que no quería. Pero la idea de un cambio tan drástico me parecía una locura; además, ¿cambiar a qué? ¿En verdad podía abandonar mi objetivo de varios años? ¿Y qué le diría a mis orgullosos padres?

Debía tomar una decisión. Podía calmarme y continuar a pesar de mis dudas o hacerle caso a mi corazonada y ver qué más había afuera. Decidí que no podría vivir mi vida con arrepentimiento. Mi sueño había cambiado y no era mi culpa. Para eso son las residencias y los internados: para tantear el terreno. Debía ser honesta conmigo misma y admitir que cometí un error. Obvio, no es lo ideal, pero está bien. De hecho, seguir con la medicina hubiera sido el camino más fácil. No necesitaría dar explicaciones ni sentirme avergonzada por el error. Pero cuando todo en tu mente grita que NO, no puedes ignorarlo, y no debes hacerlo. Necesitaba tomar una nueva decisión. Debía cerrar la puerta de la medicina.

Sabía que sería difícil dar la noticia a mis padres; habría que sentarnos y tener una charla seria. Así que esperé hasta el sábado en la mañana cuando todo estaba tranquilo y tenía su atención total. No les iba a dorar la píldora, por lo que fui directo al punto.

—He pensado mucho sobre mi experiencia este verano y creo que ser doctora no es para mí —les dije.

Silencio.

—¿Qué quieres decir? —preguntó mi mamá con cuidado.

—Que no me hace feliz y no creo que sea por la experiencia en el hospital —dije—. Más bien, creo que ya no quiero ser doctora.

Más silencio. Tal vez conmoción. Es decir, ¿cómo podrían no estar decepcionados? ¿A cuántas personas les habían contado con orgullo que su hija sería cirujano plástico? De seguro a muchas.

—Y bien, ¿qué piensan? Por favor, díganme algo —les pedí en voz baja.

—¿Qué se supone que deberíamos decir, Aliza? —¡¿Qué es peor que tus padres te llamen por tu nombre?!— Es tu vida y tu decisión. Debes hacer lo que creas correcto para ti —dijo mi papá.

—Pero ¿qué vas a hacer? —presionó mi madre.

—No lo sé todavía —respondí nerviosa—. Pero espero descubrirlo pronto.

Con ese comentario me levanté y salí de la habitación. El corazón se me salía. Había soltado la sopa pero no me sentía mejor. La última pregunta de mi mamá me tenía muy ansiosa, sobre todo la forma en que me había cuestionado. Su tono fue como si dijera: "Tienes un plan B, ¿cierto? Por favor, dime que tienes un plan B". Su angustia era lógica. Después de todo, sólo me quedaba un año. Era demasiado tarde para cambiar de carrera. Era demasiado tarde para muchas cosas. ¡Ah! Y además, no sabía lo que en verdad quería hacer. Necesitaba una buena idea, y ya sabes, cuando más necesitas una, justo tu mente se pone en blanco.

Semanas después, sentada en la cama de mi departamento, veía la repisa de la ventana. Ahí estaba un ejemplar de *Arthur Elgort's Models Manual*. Compré ese libro en el último año de la preparatoria. Elgort, un fotógrafo de moda, llenó las páginas con imágenes asombrosas de supermodelos como Christy Turlington, Naomi Campbell y Linda Evangelista, entre otras. Belleza por completo inalcanzable, impresionante y sublime. Justo las modelos que Carlyne Cerf de Dudzeele transformó en supermodelos en los años noventa del siglo pasado. Había hojeado sus páginas en incontables ocasiones, pero esta vez hubo algo diferente. Algo más importante.

De repente, vi en retrospectiva las paredes de mi habitación tapizadas de páginas de revistas y todo se clarificó: siempre estuvo ahí, frente a mi nariz. La respuesta era moda.

Había pasado años juntando editoriales de revistas para cubrir mis paredes. Esto definía lo que yo era. Pero en el pasado, si me hubieras preguntado si quería trabajar en una revista de moda, te habría visto como si tuvieras cinco cabezas. No conocía a nadie que trabajara en alguna revista o casa de moda. Y recuerda, en ese tiempo, si querías un trabajo debías enviar tu currículum impreso por correo postal, es decir, meterlo a un hoyo negro y esperar. No tenía contactos de dónde sacar información: no había búsquedas de empleo en línea o LinkedIn, ¡ni siquiera Google! Pero en ese momento aprendí una lección muy importante que he transmitido a lo largo de mi carrera: No puedes esperar a que alguien te dé la mano para "entrar". Debes hacerlo por ti mismo. **CONSEJO: Si no tienes nadie que te enseñe cómo usar una cuerda, construye una escalera.**

Tómate una selfie: ¿Cómo sabes si estás en el camino correcto?

Noticias de última hora: ¡Las selfies no sólo son la prueba de que usaste un *outfit* maravilloso! Puedes usarlas para reflexionar. Debes considerar si estás en el hemisferio correcto (geográfica o metafóricamente) para lo que quieres hacer. ¿Quién dice que no puedes tener un momento como el que yo tuve? ¿Y qué si pasé tres años de universidad preparándome para la escuela de medicina? Al recordar todas las primeras señales del pasado, descubrí que dar el salto a la moda era una decisión natural para mí.

Conclusión: nunca es demasiado tarde para empezar otra vez. Todo el tiempo escuchamos historias de adultos mayores que regresan a la escuela para estudiar algo por completo nuevo y diferente. Estas historias son inspiradoras. Si tienes suerte y eres honesto contigo mismo, tal vez te des cuenta de que necesitas un cambio.

P. D. ¡Ésta no es una prueba científica! Sólo son preguntas simples para cuestionarte y reflexionar mejor. Honestamente, ¿sabes cómo te sientes respecto a tu elección de carrera? ¿Te da miedo lo que la gente dirá si das un giro de 180°? Ah… Por favor, recuérdame otra vez: ¿de quién es esta vida y cuántas tenemos? *Sí, justo lo que pensé.*

Te hago estas preguntas porque es difícil que te las hagas tú solo. Así que, adelante, analízate.

1. ¿Cómo te sientes cuando piensas en la aventura de la carrera que escogiste?
    a) Feliz.
    b) Emocionado.
    c) Indiferente.
    d) Angustiado.

2. ¿Te sientes apasionado en la industria o el área de tu elección?

    a) Sí.

    b) No mucho.

    c) No estoy seguro.

    d) No.

3. ¿Estás emocionado por hacer todo el trabajo duro que implica tener éxito?

    a) Sí.

    b) No tengo alternativa.

    c) No estoy seguro.

    d) No.

4. ¿Sientes envidia de la carrera profesional de otra persona y desearías hacer algo más?

    a) Sí.

    b) No.

    c) A veces.

5. ¿Alguna vez tu mente se pierde fantaseando en que haces algo diferente?

    a) Todo el tiempo.

    b) Nunca.

    c) A veces.

6. Si no te quedaras en tu actual carrera, ¿qué te imaginas haciendo?

    a) Opción 1:

    b) Opción 2:

    c) Opción 3:

7. Si pudieras hacerlo sin consecuencias, ¿cambiarías y escogerías otro camino?

    a) Sí.

    b) No.

    c) No lo sé.

8. ¿Te preocupa lo que otros pensarán si cambias?

    a) Sí.

    b) No.

    c) No estoy seguro.

Si la mayoría de tus respuestas reflejan la imagen de una persona insatisfecha o sin entusiasmo, es momento de replantear seriamente lo que quieres. No importa si apenas empiezas o llevas años en el camino. Sólo tienes una vida, pero muchas opciones. Es tiempo de tomar una nueva. Te enseñaré cómo.

A temprana edad adoptamos decisiones que nos afectarán toda la vida y muchas veces sentimos la presión de apegarnos a ellas. Pero enfrentémoslo, no es fácil encontrar una carrera profesional. Por eso la selfie es importante. El autoexamen es la clave. Si estás feliz con tus respuestas, muy bien. Pero si no, debes hacer algo al respecto.

CAPÍTULO DOS

Consigue experiencia cuando no la tienes

La buena noticia era que ya tenía claro lo que deseaba: quería trabajar en una revista de moda. La mala: había pasado tres años estudiando neurobiología y fisiología y estaba bastante segura de que mi conocimiento en química orgánica no me llevaría muy lejos en el mundo de la moda. Necesitaba experiencia relacionada con el tema, algo que al menos moviera mi currículum en la dirección correcta.

La pregunta clave que todos debemos responder en algún momento: ¿cómo consigo experiencia si no tengo ninguna?

Decidí que la única fuente que tenía era el puesto de revistas. Las revistas siempre tienen un directorio (una página que enlista a todo el *staff*) y pensé que podía darme mucha información. Así que compré *DC Moment*, la revista regional. Me pareció prometedora porque sus oficinas estaban cerca de mi universidad. Si de alguna manera podía hacer prácticas ahí, estaría en el camino para construir el primer peldaño de mi escalera. Envié mi currículum de forma directa a cada una de las personas del directorio, *no sólo* a los del departamento de recursos humanos (el cual, por cierto, necesita un nuevo nombre). Sabía que hacerlo era como buscar una aguja en un pajar. Tenía la corazonada de que debía conectar con la persona que tenía el trabajo que trataba de obtener algún día. **CONSEJO: "A quien corresponda" nunca corresponde a nadie.**

Mi currículum era casi nulo, por lo que hice una carta de presentación mágica. Me parecía importante probar que era fan de *DC Moment,* así que compré los últimos números de la revista para estar muy informada. Leí con mucho cuidado el contenido y me aseguré de hacer cada carta a la medida de cada editor de la revista. **CONSEJO: Una misma carta de presentación no aplica para todo el mundo.** No le iba a decir al crítico de restaurantes lo mucho que me gustaban las reseñas de cine de *DC Moment.* Tal vez suena obvio, pero juro que no para todo el mundo (basada en las tonterías que he visto).

Durante las siguientes dos semanas todo el tiempo revisaba mi correo y la contestadora (¡lo que hoy es el buzón de voz!). Una tarde llegué a casa y encontré ¡el mensaje de un representante de ventas de publicidad de la revista *DC Moment!* O no recibían muchas solicitudes para hacer prácticas o tuve suerte. De inmediato regresé la llamada.

No quería hacer prácticas en ventas, pero no estaba para ponerme quisquillosa. Necesitaba ganar experiencia y tal vez si demostraba mi valor, me dejarían trabajar en otra área. Debía empezar en algún lado, ¿cierto? John, el representante de ventas publicitarias, me preguntó si podía comenzar de inmediato y por supuesto le dije que sí. Tenía que arreglar mi horario escolar, pero se mostraron muy dispuestos a dejarme trabajar las horas que podía.

Viajar a Washington D.C., tres días a la semana, no era tarea fácil, pero disfrutaba vistiéndome para ir a una oficina de verdad. Ahí, la atmósfera era animada, bulliciosa, con gente que iba y venía. La sala de redacción era de una planta, abierta, con muchos escritorios acomodados en hileras atravesando un amplio espacio. La gente era alegre y platicadora, lo cual me facilitaba la integración. Pero aunque el ambiente parecía relajado, sentí que necesitaba ser profesional. En mi mente eso significaba ser seria. En definitiva no quería parecer demasiado cómoda muy rápido, porque temía que de alguna manera sufriera por ello.

Ésta es una de esas cosas raras, a veces, que me parece que a los jefes no les agrada: que te sientas como en casa de inmediato. Quieren que sufras un poco, que te sientas un tanto intimidado, incluso que los veneres al principio. Lo pensaba entonces y, hasta la fecha, es buena idea dejar que ellos te vayan conociendo en vez de lo contrario. En general, cuando la gente empieza a preguntarte tu opinión o pedirte que los acompañes a desayunar, a una reunión o lo que sea... es la prueba de que te has ganado tu primera estrellita. **CONSEJO: No eres parte del club hasta que alguien te diga que sí lo eres.**

Pasé mis días en *DC Moment* llamando a compañías para promover la compra de espacio publicitario en la revista. No me gustaba esta actividad, además me parecía incómoda. Pero, obvio, no iba a demostrárselo a John, mi supervisor. De hecho, me fui por el camino opuesto. Puse mucho empeño en mi lista de llamadas para terminarla rápido. Luego usé mi tiempo extra para buscar los anuncios que publicaban otras revistas. Le presenté estas compañías a John como posibles negocios nuevos. Quería mostrarle que era creativa y tenía iniciativa. Estaba impresionado.

Cuando no había más que hacer en el equipo de ventas, ni tareas para mí, me paseaba por la oficina para ver lo que hacían los demás. Necesitaba más experiencia que sólo hacer llamadas, porque en el fondo sabía que debía perfeccionar mis habilidades de entonces. Como sospeché desde el inicio, me encantaba tratar con la gente de editorial. Justo los que escriben sobre la apertura de un restaurant o los nuevos *gadgets* que les gustan. Aunque de forma oficial hacía prácticas en el área de ventas publicitarias, me ofrecí ayudar a todos los que pudiera una vez que acababa mi propio trabajo. **CONSEJO: Cuando termines tu lista de cosas por hacer, pide más o trabaja por tu cuenta.**

Quería aprender tanto como pudiera y estar disponible para cualquier oportunidad para tener más contenido que agregar a mi currículum. Al verme tan dispuesta a cualquier tarea, también hice muchos amigos. Me convertí en la becaria de la oficina, es decir, la que sabía y estaba dispuesta a ayudar a todos. Pero hacer limonada sin limones no era suficiente. En primer lugar, quería aprender dónde conseguir los limones. Eso fue lo que hice en *DC Moment*. Estudié todas las partes del negocio y cómo cada área de la revista trabaja en conjunto para hacer un todo. Hice muchas preguntas y tuve muchas respuestas. Cuando terminé ahí, sabía mucho más que cuando empecé.

A lo largo de mi carrera, me he topado con muchos chicos en prácticas que *no* hacen eso. Es una verdadera lástima que muchos becarios no aprovechen la valiosa información que tienen enfrente. No puedes sólo "pasar" el servicio, las prácticas, residencia o como le llames. No seas lo que llamo un "becario zombi". Seguro conoces esa clase de gente: están ahí, hacen lo que les piden, pero no hay pulso, no sienten pasión, no tienen una verdadera comprensión del todo en general. Cuando los becarios zombis terminan sus prácticas, siempre me piden una referencia. Les respondo: "¿De verdad? ¿Te conozco?". Al final, aprenden por el camino difícil. **CONSEJO: Usa tu periodo de prácticas para pensar y actuar como si ya fueras un profesional.**

Un buen currículum te hará parecer al menos un año mayor o que tienes nivel de experiencia. Me encanta ver jóvenes recién graduados que tienen cuatro años de experiencia en prácticas. Eso me demuestra que no han perdido un minuto y saben lo importante que es aprovechar las oportunidades. Demasiados estudiantes piensan que la universidad es para vacacionar, pero sólo los inteligentes saben que no pueden desperdiciar ese tiempo jugando.

En un currículum, la experiencia relevante siempre es impresionante. El problema es que a veces parece imposible. Necesitas tomar lo que tienes y moldear cualquier experiencia para que trabaje a tu favor. No importa la industria o el área, debes encontrar los denominadores comunes profesionales. **CONSEJO: Si la experiencia se relaciona con tu pasión de alguna manera, vale la pena tu tiempo y esfuerzo.** Además, aunque hagas prácticas o tengas un trabajo que no has designado con firmeza como tu carrera profesional, siempre puedes aprender algo nuevo sobre ti.

Las ventas de publicidad nunca fueron una opción mí. De forma intuitiva lo sabía desde antes de poner un pie en *DC Moment,* pero en vez de descartarlo, le di la bienvenida de una forma diferente. Vi esas prácticas como una oportunidad para probar mis habilidades en un ambiente que en realidad no me interesaba. Es como una cita. "Te quiero como amigo", son palabras brutalmente honestas que nadie quiere escuchar. Pero lo curioso es que escucharlas te quita la presión por completo. Como de todos modos el chico en cuestión no te quiere de *otra* manera, puedes sólo ser tú misma. De igual forma pasa cuando estás de becario en un área en la que no quieres trabajar para siempre. No te da miedo ser tú mismo y como no estás tan intimidado, tiendes a preguntar más y a mostrar tu personalidad, lo que te guía a mayores descubrimientos y relaciones más profundas.

¡Hazlo! Consigue experiencia cuando no la tienes

Qué molesto es cuando te dicen: "Oh. Lo siento. Necesitamos a alguien con experiencia". Bah. Como si un empleador nunca hubiera contratado de inmediato a alguien que resultó inútil para el trabajo. Pero todos sabemos que debes empezar en alguna parte y a veces la experiencia puede venir del lugar menos pensado.

1. Investiga a fondo y encuentra el contacto más cercano a lo que en verdad quieres hacer y la compañía para la que deseas trabajar. Cuando tengas esa información, NO uses el contacto para preguntarle *cómo* consigues entrar de becario. Sólo tienes una oportunidad para

presentarte. Úsala para dar una gran primera impresión con una carta de presentación y un currículum impactante. Cuando los candidatos me mandan *emails* preguntando cómo aplicar en la compañía, me parecen flojos y despreocupados. En realidad me piden que les haga el trabajo… ¡y eso no genera una buena primera impresión!

2. ¿No hay trabajos o prácticas disponibles? Consigue entrevistas exploratorias con toda la gente que puedas. Si tienes suerte de contactar a una persona en la compañía donde te gustaría trabajar, debes extraerle toda la información posible. Cuando quieras alargar una entrevista de este tipo, muestra mucha determinación y entusiasmo. Puedes aprender mucho de la persona que conozcas. Pero no cometas el error de pensar que es una charla informal. **CONSEJO: Debes prepararte igual para una entrevista exploratoria que para una verdadera. Debes tomarla con la misma seriedad, lo que incluye una vestimenta adecuada.** Cada persona que conozcas te da la habilidad de expandir tu red de trabajo.

3. Al final de tu entrevista exploratoria, investiga si puedes seguir en contacto y averigua sobre algún puesto a futuro. Luego pregunta a tu entrevistado si puede recomendarte a alguien más en la organización y si es así, de forma muy cortés, pídele que te lo presente. **CONSEJO: Esta pregunta hará que tu entrevistado piense en TI y en lo que quieres hacer. Todos los supervisores quieren sonar como expertos, así que te apuesto a que te conseguirá a otra persona.**

4. Si no puedes entrar a un programa de prácticas en la compañía de tus sueños, necesitas usar tu tiempo de otras maneras. Las empresas pequeñas siempre

necesitan ayuda, por lo que es muy valioso contactarlas aun cuando quieras trabajar para una firma grande. Si dejar tu trabajo actual está fuera de tu alcance, tal vez haya una forma de trabajar en proyectos de noche o los fines de semana. ¡Preguntar no cuesta nada! Vale la pena que uses tu tiempo en cualquier cosa para ganar experiencia y mostrar tu determinación. Conozco gente que ha continuado con proyectos porque quieren, incluso después de dejar el programa de prácticas, para seguir en contacto.

5. Si todavía sientes que no vas a ninguna parte, ¡sigue aprendiendo! Internet tiene una enorme cantidad de clases en línea y tutoriales de personas establecidas que pueden ser tus mentores virtuales. Si buscas el campo de tu interés y agregas las palabras "cómo", "curso gratis" o "introducción básica", te sorprenderás de cuántos tutoriales y videos están dedicados a la educación de la gente. Puedes perfeccionar tus habilidades al crear búsquedas específicas relacionadas con cada aspecto del trabajo que quieres. Por ejemplo, si gugleo "relaciones públicas introducción básica", me aparecen como ochocientos mil resultados. Luego voy refinando mi búsqueda para tener un acercamiento más profundo. Ya tienes la idea. Conclusión: no esperes a que te enseñen, ve y aprende por ti mismo. Exponer a tus posibles empleadores todas las clases que has tomado para mejorar tu conocimiento mostrará tu determinación.

Tener un pie dentro del trabajo de tus sueños implica mucho esfuerzo. Cuando apliqué para mis prácticas, no tenía a nadie que me guiara. Sabía que necesitaba trabajar. Sin embargo, si tienes la suerte suficiente de encontrar una guía, por supuesto que debes usarla para forzar la entrada. Aunque esto significa tener mucho cuidado en cómo usas tu contacto. Mi amiga Samantha una vez me compartió una historia aleccionadora sobre una estudiante universitaria que trataba de conseguir su primer empleo (y le dejó a su madre el trabajo pesado). **CONSEJO: Si quieres una profesión, debes actuar como un profesional.**

Un día en el trabajo, Samantha recibió una llamada sorpresiva.

— Hola, Samantha, soy Sally. Hablé contigo hace algunos años sobre x, y y z. —Samantha no tenía idea de lo que Sally le estaba diciendo.

—Sally, ¿en qué puedo ayudarte? —preguntó.

—Mi hija se gradúa en mayo y está buscando empleo. Le encantaría que le dieras la oportunidad de trabajar en tu departamento.

El pensamiento instintivo de Samantha fue: "¿Por qué estoy hablando contigo y no con ella? ¿La mamá está llamando para conseguirle empleo a la hija? ¿También planeará venir el primer día de trabajo?" Tuvo que aguantarse para no contestarle: "Tu hija está grandecita para tener una mami que me llame". Sin embargo, en vez de eso, le explicó con mucha cortesía que no había vacantes disponibles, pero Sally presionó. Samantha moría por decirle a esa señora que dejara de arruinar la carrera de su hija, y entonces consideró hablar con la hija de Sally para educarla también.

Sally era implacable. No tenía la intención de aceptar un "no" como respuesta. Cada vez que Samantha trataba de ponerle fin a la conversación, Sally sugería otra manera en la que pensaba que su hija podía entrar en el departamento. Samantha terminó con una conversación de quince minutos dándole consejos e información. Cuando al fin colgó el teléfono, sus colegas entraron a la oficina con un "¡¿QUÉ FUE ESO?! ¡Sonó horrible!" Oh, sí que lo fue. Samantha estaba agradecida de alejarse del teléfono.

Al día siguiente, revisando su *email*, de repente vio el nombre de Sally. Estaba impresionada de que hiciera contacto otra vez y de inmediato lo reenvió a su equipo (y a mí) para compartir su asombro. Cuando leí ese *email*, no podía creer lo absurda que era esa señora. Claro que Samantha estaba de acuerdo conmigo. Fue muy agradable y simpática al compartir sus ocurrentes comentarios entre paréntesis y con itálicas.

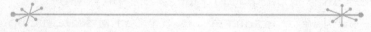

De: Sally Jones
Para: Samantha McNally
Asunto: Trabajo para mi hija

Hola, Samantha:
Te dejé un mensaje de voz, espero que recuerdes nuestra charla de ayer. *(No, perdón, la olvidé porque tengo amnesia.)*

Mi hija está muy interesada en el campo de las comunicaciones. Me recordó que fue presidenta en el equipo de debate de la preparatoria. *(Nada que ver y además "debate" y "preparatoria" no son sustantivos propios.)*

Te contacté porque me has ayudado en el pasado. *(Perdón, pero no tengo idea de quién eres.)*

Mi hija está buscando un puesto de tiempo completo y le encantaría trabajar en tu compañía. Le indicaste que revisara tu sitio web para ver qué departamentos le gustaban y está muy dispuesta e interesada en comunicaciones. *(Sigo sin entender por qué hablo contigo y no con ella.)*

Estoy orgullosa de decir que mi hija es muy inteligente y se graduará pronto. *(Ahhh, pues no es tan inteligente si te tiene hablando en su nombre.)* Los dos últimos veranos realizó prácticas maravillosas y podrás ver más información en su currículum, el cual te adjunto.

El siguiente año vivirá en Nueva York. Descubrió que en tu compañía hay varios puestos que requieren experiencia. Todo el mundo necesita empezar en algún lugar. *(Sí, pero justo por eso ella debió llamarme.)* Esperamos que pueda comenzar su carrera contigo y le des la oportunidad de entrevistarla.

Te agradecería mucho si puedes enviar su currículum a la persona encargada en contrataciones o programas de capacitación.

Saludos cordiales,

Sally *(Querrás decir "Mami".)*

Sally trataba de hacer todo para asegurar que su hija no fracasara. No es una mala madre, sólo que no se daba cuenta del daño que le hacía a su hija. Por otro lado, la chica no se daba cuenta lo mal que le parece a un empleador el que no busque contacto por sí sola. Para ser francos, supongo que la hija sabía lo que su madre estaba haciendo. Me imagino que la conversación fue algo así:

—¡Mi amor, conozco a alguien en Compañía X! La llamaré por ti.

—¡Gracias, mamá! ¡Es maravilloso!

Pero lo que debió de pasar es un *email* como éste:

De: Ruby Jones
Para: Samantha McNally
Asunto: Consulta laboral

Estimada Samantha:
Me pongo en contacto contigo para solicitar información
sobre algún puesto disponible dentro del departamento de
comunicaciones. Crecí amando tu compañía. Mi madre te
conoce de x, y y z. ¿Podrías llamarla? Su nombre es _____
_____.

(Y así continuar...)

Ésta es la introducción de una carta de presentación que
Samantha respetaría. Es válido e inteligente usar cualquier
conexión con un empleador potencial. El problema aquí es
que no hablar por ti mismo proyecta un desempeño pobre.
Tener a tu mami haciendo el trabajo preliminar refleja pereza.
Ahora, tal vez culpes a esa mamá, pero si fuera mi madre, te
aseguro que jamás la dejaría llamar a un prospecto de jefe o
empleador.

Habría sido muy fácil olvidar el asunto y jamás contestarle a Sally, pero Samantha no podía relajarse y dejar que
ese escenario se repitiera. Debía educarlas. Por más penoso y
doloroso que fuera dirigirse a Sally, sentía la responsabilidad
de hacerlo. Así que le envió el siguiente *email*:

De: Samantha McNally
Para: Sally Jones
Asunto: Re: Trabajo para mi hija

Estimada Sally:
Tu hija puede enviar su currículum a la persona X de recursos humanos. Pero debo decirte que creo que le haces un gran daño. Estoy segura de que eres una gran mamá y te preocupas mucho por el éxito de tu hija, pero al hacerle el trabajo, de hecho, la perjudicas. Ella debe contactar a las compañías por sí misma. Espero que entiendas mi punto de vista y los deseo suerte en su búsqueda de empleo.
Saludos cordiales,

Samantha

Luego esperó la explosión. ¿Pero qué crees? Sally apreció de manera sorprendente el *email*. Le respondió explicando que su intención era hacer el contacto para su hija a través de "su" conocida. Samantha le dijo que la chica podía hacer la misma conexión por sí misma en una carta de presentación. Se sentía muy bien por abordar el tema con la señora. En verdad esperaba hacer una diferencia en la futura carrera profesional de la hija.

Unas semanas después, la hija de Sally llamó a Samantha pidiendo información sobre posibles vacantes. Cosa curiosa, jamás mencionó a su madre o cualquier conversación previa. Bien por ella. Deja el pasado atrás. ¡Más vale tarde que nunca! Me encantan los finales felices, ¿a ti no? ¡Tres hurras por la honestidad!

Bien, ¿qué podemos aprender de todo esto? Conseguir experiencia cuando no la tienes necesita pasión y creatividad. No es fácil. Debes usar cualquier fuente disponible, pero siempre ten en mente la impresión que deseas causar. No es suficiente tener una excelente carta de presentación y un buen currículum. También necesitas comportarte a la altura, ser un profesional antes de serlo en verdad. Si pides a un empleador te considere para un trabajo, antes que nada debes mostrarle que eres responsable de ti mismo. Después de todo, si no lo eres, ¿cómo podrías manejar un trabajo?

CAPÍTULO TRES

Escribe una carta de presentación impactante y un currículum sólido como una roca

El rito de viajar a Europa después de la universidad era y sigue siendo lo que todo graduado cree merecer. Pero nunca he sido aventurera, así que saltarme el mochilazo de cruzar un continente y dormir en hostales de jóvenes fue una decisión muy fácil para mí. Además, sabía que no tenía el "derecho" de ir. Claro, mis prácticas en *DC Moment* habían sido maravillosas, pero no era suficiente ni mucho menos. Ser becario no te da un currículum impresionante y al mío todavía le faltaba experiencia en moda. Sabía que no podía desperdiciar el verano jugando; si quería conseguir un trabajo, debía aplicarme. Era el momento para la *verdadera* experiencia en moda. Aunque ninguno de mis adorados compañeros en *DC Moment* tenía contactos que pudiera utilizar, obtuve un conocimiento valioso que sí podía usar. John me explicó que las grandes revistas de moda pertenecen a grupos editoriales.

Nunca antes había escuchado de Condé Nast[2] o Hearst[3]. Este pequeño hecho me abrió los ojos a otro mundo de lugares donde podía aplicar. ¿Ves? ¡Nunca sabes qué puedes aprender de una experiencia! Armada con más conocimiento del que tenía cuando empecé en *DC Moment,* fui otra vez al puesto de revistas.

Esta vez compré mis revistas de moda favoritas. Aquéllas que en el pasado usaba para tapizar las paredes de mi recámara, ahora representaban los lugares donde quería trabajar. ¡Nada como apuntar alto! Así que envié mi antiguo currículum a los editores de moda y accesorios, pero ahora incluía valiosa experiencia en revistas. Al leer el directorio, descubrí que el departamento de moda estaba separado del de accesorios. No sabía qué implicaban los diferentes trabajos, pero sí que contactar ambos mejoraría mis posibilidades. También lo envié a los departamentos de recursos humanos de Condé Nast y Hearst. Y además, de modo específico, a las revistas en las que quería trabajar.

Hice mi carta de presentación tan sincera como pude, pero sin llegar a lo cursi. La envié a cada editor, sólo cambié sus nombres y los nombres de las revistas. También la dirigí a quienes están al pendiente de la moda. Si les enviaba *emails* a varias personas de la misma compañía, me aseguraba de cambiar cada carta para que no fueran idénticas.

---

[2] Esta editorial tiene más de treinta revistas, entre ellas *Vogue, Glamour, Allure, Brides, Haute, Vanity Fair* y *The New Yorker.* (Nota de la T.)

[3] Esta compañía es dueña de cincuenta y un periódicos, más de trescientas revistas (entre ellas *Bazaar, Cosmopolitan* y *Elle*) y 31 canales de televisión como A+E y ESPN. (Nota de la T.)

Estimado señor Johnson:

Mi nombre es Aliza Bernfeld. Estudio el último año de neurobiología y fisiología en la Universidad de Maryland. Estuve trabajando para convertirme en cirujano plástico desde la preparatoria, pero el verano pasado algo cambió. Cuando estaba haciendo mi internado en un hospital local, me di cuenta de que mi pasión por la medicina ya no estaba ahí. Después de profundas reflexiones, reconocí que aquel gusto por la moda que profesaba de niña nunca se había ido. Verá usted, crecí con páginas de la revista *Haute* pegadas en las paredes de mi recámara. La moda siempre me ha inspirado. Pero de manera irónica, por más que la amaba, nunca entendí que era una carrera a la que me podía dedicar.

Decidí dar algunos pasos para entender mejor la industria de las revistas en espera de que la experiencia me llevara a ser becaria en *Haute Magazine*. Trabajar en *DC Moment* me mostró que estoy muy interesada en el aspecto editorial. Espero que este verano me otorgue el privilegio de aprender cómo se hace su revista. Adjunto encontrará mi currículum para que lo revise.

Gracias de antemano por su consideración.

Atentamente,

Aliza Bernfeld

Concluí que no había nada que perder al decir la verdad. Sí, había cometido un error, pero con la ayuda de estos editores estaba mucho más esperanzada de corregirlo. Siempre he sido una persona honesta y creo que eso me ayuda a ganar la confianza de muchos. Creo que hay algo muy atractivo en la honestidad. **CONSEJO: Cuando tengas una omisión evidente de falta de experiencia en tu currículum, es mejor decirlo de frente.**

Mi carta para la revista *Haute* funcionó y recibí una oferta para unirme a su equipo como becaria en el departamento de accesorios. ¡Mi sueño se volvió realidad!

¡Hazlo! Escribe una carta de presentacion impactante

Hay miles de libros a la venta que explican cómo escribir una carta de presentación. No he leído ninguno. Los consejos de "hacer" y "no hacer" que te comparto están basados sólo en lo que he visto a lo largo de mi carrera. Sé cuáles cartas me harán reaccionar bien y cuáles no. Si ya has usado los consejos que vienen abajo, ¡muy bien! Pero con base en lo observado, te aseguro que mucha gente no. Además, nunca está de más (ni duele) que te recuerden lo básico, porque, de verdad, nada es peor que cometer un error de novato.

1. Escribe de forma correcta el nombre de la persona a la que te diriges. Revísalo otra vez. *(¡Si no lo haces, no mereces el empleo!)*

2. Dirígete a la persona por su título profesional y también escríbelo bien. No te atrevas a pensar que no lo encontrarás. Si no está disponible en internet, llama por teléfono. **CONSEJO: ¡No uses abreviaturas! Éstas te hacen ver informal y flojo.**

3. Escribe el nombre de la compañía de modo correcto. Son incontables las veces que he visto a "fans apasionados de la marca" escribir mal el nombre de la empresa en su carta de presentación. ¡De verdad! No

tengo palabras. ¡Ah! y otra cosa, consulta la página web oficial de la organización. **CONSEJO: Las búsquedas en Google te muestran de todo, incluyendo sitios que tienen mal escrito el nombre. Ni Google ni Wikipedia son las páginas oficiales.**

4. Usa una escritura formal. Esto significa que no uses un lenguaje de mensaje de texto. ¡No son tus amigos! Saca y desempolva palabras como "estimado" y "atentamente" porque las vas a necesitar.

5. Escoge el tipo de letra con cuidado. Para correspondencia profesional me gusta Arial. Para algo más personal, es decir una carta menos formal, prefiero Century Gothic. Por favor, *por favor,* no envíes tu presentación en Comic Sans (¡guácala!) o en cualquier otra letra con demasiada personalidad. La fuente debe coincidir con la industria para la que aplicas. Por ejemplo, Times New Roman sería apropiada para un puesto en una firma legal.

6. Usa un tamaño de letra igual o menor a 10 puntos. Entre más grande escribas, más informal se ve. Un tamaño pequeño muestra al destinatario que entiendes la correspondencia profesional y que te sabes controlar.

7. No escribas con puras mayúsculas porque parece que estás GRITANDO. Cuando alguien escribe así... ¡siento que mi cabello vuela!

8. No uses signos de exclamación. El tono de la carta debe ser profesional, ¡¡¡no tan emocionadoooo!!!

9. No uses cualquier signo de puntuación que se interprete como amistoso o demasiado cómodo. Los emoticones (como las caritas felices) son inaceptables en la correspondencia profesional, sobre todo cuando no tienes una relación cercana de trabajo. Por eso, se

deben evitar iniciales como CDT, NTP, etcétera, incluso las marcas pequeñas que denotan simpatía. Por ejemplo, mucha gente en el mundo de la moda firma los emails con un beso, así: Aliza x

No hagas esto si no conoces a la persona que leerá tu carta. En especial cuando aplicas para un trabajo. Sólo recuerda que tratas de impresionar a un empleador potencial. La correspondencia casual no va. ¿Ok?

10. Si alguien te recomendó que contactaras a la persona a quien le escribes, siempre menciónala de forma correcta al principio de la carta. Por ejemplo:

> Estimada Jane:
> John Doe sugirió que te contactara respecto al puesto de gerente disponible en tu departamento.

Si lo haces, más vale que John Doe te haya recomendado hacerlo. Jamás menciones a alguien sólo porque sí. ¡Nunca termina bien!

11. Incluye uno o dos enunciados que sinteticen quién eres y qué has hecho de forma profesional. Recuerda que estas frases deben relacionarse con el empleo solicitado. Enfócate en atraer la atención del empleador ¡Pero sé breve! En esta parte debes escoger entre tus bebés (o sea, las piezas más importantes de ti mismo, tu as bajo la manga). Si te ayuda, imagina que estás en un programa matutino y el presentador te pide que te describas en seis segundos, antes de irse a comerciales. ¿Cuál sería el enunciado más importante que dirías?

12. Incluye al menos una oración muy buena que transmita por qué deseas trabajar en esa compañía en

específico. Por ejemplo, no es suficiente decir que quieres trabajar "en comunicaciones". Prueba por qué quieres trabajar en comunicaciones *ahí*. **CONSEJO: De verdad ÉSTA es la clave.**

13. Si puedes, menciona uno de los logros recientes que admires de la compañía. Esto muestra que en realidad estás al tanto de la empresa y eres un verdadero fan.

14. Ve rápido al punto. No hay nada peor que una persona dando rodeos y tardando en ir al grano.

15. Léela muchas veces. ¡En serio!

16. La última vez, léela al revés. Sí, me escuchaste. Cuando lees algo de abajo hacia arriba, de forma inevitable lo haces más lento. Esto es muy bueno para descubrir errores de puntuación, ortografía y gramática que de otra manera pasan inadvertidos.

17. Si enviarás tu carta de presentación por *email*, redáctala directo y adjunta tu currículum. La gente es floja, así que abrir dos documentos es un paso extra que muchas personas no quieren dar.

18. O mejor aún, utiliza las aplicaciones que te notifican si abrieron tu *email* o tu archivo adjunto. También puedes usar un sistema de los que "compartes archivos". De estas dos maneras sabes cuándo se abrió, descargó o compartió tu documento. Recuerda escribir tu carta de presentación en el cuerpo del mensaje e invita al destinatario a descargar tu currículum.

19. No incluyas promesas como: "Le llamaré la próxima semana para dar seguimiento". Hay dos razones: *a)* eso sólo afirma el hecho de que el empleador no debe hacer nada porque tú prometiste dar el seguimiento, y *b)* ¿qué pasa si se te olvida por alguna razón? En cualquier caso te destinas al fracaso.

20. Cierra la carta agradeciendo al destinatario "de antemano" por su consideración. Me gusta este detalle extra, no hace nada en particular salvo dar un final agradable.

No tenía mucho que poner en mi currículum en este nivel del viaje hacia la moda, pero no quería arruinar todo mi arduo trabajo por un error estúpido como el tipo de letra, la mala redacción o la falta de madurez. La clave para un buen currículum es incluir el contenido que será relevante para el empleador o la vacante que buscas. Por ejemplo, estar a cargo de los suministros del clóset no me impresiona. No es una fortaleza. Pero si me dices que eres capaz de reducir las cuentas de la oficina de suministros 15% al reorganizar la forma en que éstos se distribuyen, eso es algo que me gustaría ver. Debes concentrarte en las habilidades que valorará el empleador al leer tu currículum. ¿Qué experiencia tienes que sea una ventaja para esta posición? No enlistes todo. Por ejemplo, no me interesa saber en qué hermandad o fraternidad estuviste. Quiero saber qué hiciste en la universidad que sea útil para mi compañía. Así que, si fuiste presidente de esa hermandad, eso me dice algo. Me dice que cuando hablas la gente escucha. Es una habilidad que vale la pena compartir. Para un buen currículum, en cada punto que escribas, siempre pregúntate: ¿Por qué habría de interesarles esto? Si no puedes contestar, estás perdido.

¡Hazlo! Escribe un currículum impactante

He revisado cientos de currículums y cada vez que lo hago, me toma un nanosegundo descifrar si va a la basura o no. Si lo saco del juego de inmediato es porque el escritor fue descuidado y se equivocó en lo básico. Así que a continuación analizaré las cosas rudimentarias que todas las personas deben saber, pero que, basada en lo que he visto, no hacen.

Cuando ya tengas la base, necesitas asegurarte de que el estilo de tu currículum encaja en el trabajo para el que aplicas. Si quieres ser asistente ejecutivo de un CEO en finanzas, entonces tal vez tu papel lavanda y ese tipo de letra medio cursiva sean más adecuados para una invitación de despedida de soltera. Soy una persona muy visual, por lo que, de forma inevitable, el color del papel, la calidad y el tipo de letra me dan una primera impresión fuerte. Cuando diseñes tu currículum, siempre recuerda que esa pequeña pieza de papel es lo único que te representa hasta que consigas una entrevista. Entonces, ¿qué le quieres mostrar al empleador?

1. Empieza con tu objetivo y ajústalo de manera específica al trabajo para el que aplicas. Esto significa tener muchas versiones de tu currículum para múltiples vacantes laborales. Mantén la redacción concisa y directa. Por ejemplo, si aplicas para un trabajo en relaciones públicas pero incluyes un objetivo sobre deseos de trabajar en *marketing*, le mostrarás a tu empleador que: *a*) no sabes la diferencia, o *b*) no fuiste cuidadoso al reeditar tu currículum para varias vacantes.

   A continuación te doy algunos ejemplos de objetivos para un candidato que busca un empleo en relaciones públicas y que aplica a varias compañías.

   Objetivo: Obtener un puesto en el departamento de relaciones públicas de una lujosa marca de moda.

Objetivo: Obtener un puesto en el departamento de relaciones públicas de una revista de modas.

Objetivo: Obtener un puesto como ejecutivo de cuenta en una agencia de relaciones públicas especializada en moda.

Los tres objetivos muestran que la persona quiere trabajar en RP, pero especifica *dónde.* Como he dicho antes, ¡no a todos les queda la misma talla!

2. Debes mencionar por completo cada compañía para la que has trabajado (sin abreviar el nombre) con el cargo exacto del puesto que tenías.

3. Bajo cada cargo enlista tus logros, no sólo tus responsabilidades. **CONSEJO: Lo que hiciste es más importante que lo que supuestamente debías hacer.**

4. Trata de incluir información estadística para cada logro. Por ejemplo, no es suficiente decir que aumentaste las ganancias, debes ser específico y decir que "aumentaste las ganancias en 5% ".

5. No menciones logros que son trabajo de equipo. Por ejemplo, si fueras becario y declaras que aseguraste tres clientes nuevos a la compañía, es obvio que no creeré eso. **CONSEJO: No mientas en tu currículum porque te van a descubrir.**

6. Enlista las fechas en que trabajaste en cada puesto. Primero escribe las más recientes y que incluyan una experiencia relevante.

7. Describe tus habilidades de la manera más sofisticada que puedas. Por ejemplo, no sólo digas que tienes "destreza en redes sociales". En vez de eso, escribe que estás preparado en redes sociales con conocimientos específicos en plataformas *x, y* y *z,* que has creado una comunidad de *x* número de fans, etcétera.

8. Agrega varias formas de contacto. Éstas deben ser las mejores. Es decir, si nunca puedes hablar en el trabajo, entonces, ¿para qué pones el número de tu oficina? Incluye la información del contacto al que más acceso tienes (porque es seguro que responderás más rápido). Tardar cuatro días en regresar la llamada a un empleador potencial no es buena señal. Si quieres incluir tus redes sociales, hazlo al final, como un punto separado. Obvio, no quieres a un empleador potencial contactándote de forma pública... ¡para que todo el mundo se entere!

9. Pero antes de incluir los perfiles de tus redes sociales, no olvides sentirte cómodo con lo que el empleador puede encontrar si busca en ellos. Si no, bloquea los contenidos o borra cualquier *post* cuestionable.

10. Usa el mismo tipo de palabras clave que el empleador enlistó en el perfil de la vacante. ¡No lo hagas pensar! Facilítale el trabajo. Por ejemplo, si escribió las habilidades esperadas con términos técnicos, recupéralos y úsalos en tu carta de presentación.

11. Si tienes lagunas de tiempo en tu historial laboral, es mejor que especifiques qué hiciste durante ese tiempo. Usa el lenguaje que favorezca al trabajo que buscas. Por ejemplo, si te diste un tiempo sabático para viajar a la India, explica qué aprendiste en esa experiencia que agregue valor a tu siguiente trabajo. No importa qué sea: responde por el tiempo.

12. Es bueno omitir experiencia o trabajos que no son importantes y no mejoran tu currículum, siempre y cuando esto no genere una laguna temporal en el mismo.

Nunca tienes una segunda oportunidad para causar una primera impresión. Siempre piensa esto al hacer tu carta de presentación y tu currículum. Son tu clave en la primera cita. Pero igual que en los primeros pasos de una cita, debes llevar lo mejor en cada momento. Estos documentos nunca son definitivos. Necesitas revisarlos con mucho cuidado antes de reenviarlos. Te apuesto a que cada vez que los revises, encontrarás un error o una oportunidad para mejorar algún punto. ¡Seguro hasta encontrarás algo que no creerás que pusiste! Volver a leer estos documentos es muy importante cuando ha pasado tiempo desde la última vez que los enviaste. Cuando los observas con ojos diferentes, te das la ocasión de reconsiderar cómo serás percibido. Lo más importante es asegurar que tu carta de presentación y tu currículum tengan sentido para esta nueva y potencial oportunidad laboral.

CAPÍTULO CUATRO

Sácale jugo a tus prácticas

Recuerdo a mi madre manejando a Nueva York el primer día de mis prácticas en *Haute Magazine*. No sabía qué ponerme o cómo actuar, pero descubrí que en realidad no importaba, yo era la última persona a la que cualquiera de ahí le prestaría atención. Si alguien volteaba hacia mí, sería afortunada. Pero esto era bueno, porque el anonimato me daba la oportunidad de ajustarme al entorno y absorber las cosas que hacían los demás: de qué manera se vestían, cómo hablaban, quién era amigo de quién, etcétera. Mi jefe era un hombre muy dinámico llamado Dean Johnson. Era guapo y de aspecto juvenil, tenía el cabello castaño y ondulado, y la sonrisa más adorable que yo había visto. Llevaba muchos años en la revista y de inmediato descubrí que era muy querido y maravilloso en lo que hacía. Su equipo estaba formado por dos mujeres llamadas Cara y Meredith. Cara era la editora más experimentada de las dos. Tenía una piel aceitunada que parecía decir: "Acabo de regresar de vacaciones", y también una disposición relajada, esto hizo que trabajar para ella fuera una experiencia agradable. Meredith era toda una neoyorkina, su humor era tan sarcástico como altos sus tacones. Le daba vida al día y hacía de la oficina un lugar divertido. Todos sabían que los tres se llevaban bien, lo que propiciaba un ambiente de trabajo entretenido e interesante. Fueron los primeros maestros en mi largo camino en la industria de la moda.

El trabajo de Dean era editar las colecciones de accesorios y decidir las tendencias, basado en lo que pensaba que era relevante para los lectores de *Haute*. Era el curador de los accesorios para sus páginas *still-life* y el proveedor de los mismos para el departamento de moda. Presentaba sus ideas en "ensayos" con el director editorial o el de moda. Ellos tenían la última palabra antes de la sesión de fotos. En *Haute* aprendí que sólo porque algo va a la sesión no significa que será fotografiado. También que sólo porque algo ya es fotografiado no significa que la imagen saldrá bien, en cuyo caso no aparecerá en la historia.

Había una cantidad extraordinaria de productos que necesitaban ser "llamados" para las sesiones. Cara y Meredith trabajaban con la gente de relaciones públicas al interior de cada una de las casas diseñadoras más importantes, así como con las agencias de RP que representaban a varios diseñadores. En esencia, llamaban un producto (es decir, lo pedían prestado por un tiempo) y luego lo regresaban a su lugar de origen. El trabajo de los becarios (o sea, yo) era hacer el *check-in* del producto. Este registro consistía en tomar una Polaroid (sí, una Polaroid) de cada accesorio y documentar la fecha de llegada y la de salida. El proceso de inventario era tedioso, pero importante. A veces los diseñadores sólo producen una muestra y ésta se presta a cientos de sesiones fotográficas alrededor del mundo.

Si Cara pedía una bolsa Prada para una sesión, la persona de relaciones públicas le podía decir:

a) Que estaba disponible de *x* a *y* fecha.

b) Que no estaba disponible porque estaba prestada para otra sesión (nunca se divulgaba el nombre de la otra revista).

c) Que no estaba disponible porque la tenía la celebridad *x* (nombre que, obvio, nos decían para impresionarnos).

d) Que estaba fuera para un *marketing* o ventas (por lo general una mentira, la verdadera respuesta era b).

Así que, si Cara tenía suerte en conseguir una codiciada bolsa para Dean, había una "fecha de entrega" específica que debía ser respetada. Si nos revolvíamos y provocábamos que el accesorio no llegara a la siguiente sesión en la agenda de la persona de RP, quizá nunca volverían a prestarnos sus preciosas muestras.

Durante el tiempo que un accesorio estaba en la revista *Haute,* se guardaba en el clóset. Este lugar era una enorme habitación colmada de estantes y ganchos. Estaba lleno de miles de dólares en accesorios de diseñador. Cada diseñador de súper lujo que puedas imaginarte estaba representado ahí. Teníamos cientos de zapatos, bolsas, charolas con bisutería, sombreros, bufandas, mascadas y cinturones. Era el clóset soñado de cualquier chica, mi lugar favorito en la revista… ¡y en el mundo! Mi trabajo era el correcto mantenimiento y orden de este clóset. Debía asegurarme de que los zapatos estuvieran acomodados por color y estilo, las bolsas por su tipo, los cinturones colgados y la joyería bien colocada en charolas con terciopelo. También me autonombré "Colectora de pelusa en jefe". Quitaba la pelusa que de forma inexplicable (y además inevitable) se acumulaba todos los días.

El punto al obtener tu primera gran oportunidad es enamorarte de todo. Yo era la primera persona que prendía las luces de la oficina y, por lo general, la última en irse. Nunca flojeaba. Siempre preguntaba si había algo más que pudiera hacer. Pensaba por adelantado y trataba de dar el siguiente paso lógico para que cuando Dean me pidiera hacer algo, pudiera decirle que ya lo había hecho. **CONSEJO: Anticípate a las necesidades de tu jefe.** Preguntaba todo, absorbía todo. No desperdicié un solo minuto, sino que siempre trataba de aprender algo nuevo. Estaba concentrada en la empresa.

La buena actitud es una de tus mayores fortalezas. Si puedes juntar la energía y pasión para tener una buena actitud sobre cualquier tarea, grande o pequeña, entonces llegarás muy lejos. Siempre nos damos cuenta cuando un empleado piensa: "¡Ay! Eso es estúpido. No me esforzaré tanto en algo así". ¡Mala actitud! Debes pensar cómo esa tarea sirve a un todo. Cada trabajo importa en la cadena alimenticia, así que enorgullécete de cada labor que hagas, incluso si parece sin sentido. Además, si te molestas cuando tienes que hacer algo que no quieres, te apuesto a que en el momento que surja un buen proyecto se lo darán a alguien más.

Así que aproveché cada aspecto de mi temporada de prácticas. Conforme pasaban los días me sentía más cómoda con quienes trabajaba. Dean y las chicas eran tan cálidos y amigables que fue fácil sentir que era parte del equipo. Un día, decidí hacer la pregunta que rondaba en mi cabeza desde el primer momento. "¿Qué te han parecido mis prácticas? Me da curiosidad porque no tengo experiencia", le dije a Dean.

Me lanzó una pícara mirada y contestó: "Querida, precisamente, ¡por eso te queremos! Tienes una perspectiva diferente. No necesitas tener experiencia en moda para amar la moda. Y además, tu carta de presentación ayudó".

Ahí lo tienes. Había trabajado con honestidad y en este caso mi falta de carrera en moda no había importado.

A partir de ese momento tuve un gran sentimiento de pertenencia, pero seguía cuidando mi comportamiento. Si ellos estaban serios, yo también. Si andaban bromistas, yo también. Pero siempre me aseguré de nunca dar la impresión de estar más alegre que ellos. **CONSEJO: Calibra tu comportamiento basándote en las señales que da tu jefe.** Al principio, nunca querrás jugar o reír demasiado fuerte porque cuando lo haces le recuerda a tus superiores que sólo eres una becaria, y por lo visto demasiado cómoda. El truco es estar consciente de las reacciones de la gente. Un buen comediante *stand-up* (en vivo) siempre sabe cuando pierde audiencia. Debes atender a la reacción que provocas cuando estás más ruidosa de lo normal. Si alguien se incomoda, retrocede como corresponde.

Aunque ya me sentía muy a gusto y querida, no ignoraba que había límites. Muchas veces los editores piden prestados accesorios del clóset cuando tienen una cita, junta o reuniones importantes. En esencia, el clóset era suyo. Vi cómo, después de un tiempo, en definitiva sientes que estos accesorios te pertenecen. Pero ese beneficio no era algo que me atreviera a pedir.

Un día estaba en el clóset sosteniendo un par de zapatillas Mary Jane. No mentiré, estaba fantaseando en lo maravillosas que se verían con mi *outfit*. Me imaginaba usándolas después del trabajo para ir a la fiesta que tenía esa noche en Bryant Park. En ese momento entró Meredith y de alguna manera supo lo que estaba pensando.

—¿Quieres pedirlas prestadas? —me preguntó.

—Oh no, no podría —dije de manera muy poco convincente.

—¡Claro que sí! —replicó—. Disfrútalas, sólo no olvides devolverlas mañana.

¡¡Ahhhhhhhhhhh!! No podía expresar la emoción que sentía. No sólo porque usaría unos tacones espectaculares, sino porque Meredith había confiado en mí. En verdad me estaba convirtiendo en uno de *ellos*.

Usé las zapatillas Mary Jane para salir esa noche a tomar unos tragos con mis amigos y fui la envidia de todos. ¡Dios! ¡Casi tenía envidia de *mí misma!* Me sentía mejor que niña con zapatos nuevos. Fue en ese momento cuando de verdad sentí el poder de la moda. Cómo unos tacones increíbles, un vestido de diseñador o unos accesorios maravillosos cambian tu actitud y te dan un extra de confianza. El tiempo que esas zapatillas estuvieron en mis pies me sentí invencible. P. D. Después fui a comprarlas en una *sample sale* (venta de muestras). Tuve una historia cercana a la muerte con ellas una vez que se les rompió el tacón caminando por Madison Avenue. No fue tan grave (S*).

Andar en tacones altos es una habilidad que cualquier editora debe tener. De hecho, en esa época, existía el rumor de que las editoras de ciertas revistas de perfil alto no podían usar *flats*. Bueno, por suerte, como era becaria y tenía que andar corriendo por todas partes como loca, nadie se fijaba si los usaba.

Una tarde tormentosa me pidieron hacer un mandado. Uno de los editores me dio las instrucciones: "Aliza, entrega estas medias lo más rápido que puedas en el set de Lincoln Center. En verdad es súper urgente. Toma un taxi". Me lancé fuera de la oficina sin impermeable ni sombrilla. Obvio, en una tarde lluviosa en Nueva York, es más fácil ganar la lotería que encontrar un taxi disponible, así que tomé el metro. Cuando llegué a Lincoln Center y atravesé su gran explanada quedé hecha una sopa, pero no me importó, ¡Iba a salvar la sesión de fotos! Corrí al interior del edificio como si fuera a entregar un corazón para un trasplante y mi llegada salvara vidas. "Son para ti, Paul", dije al asistente del set con la respiración muy agitada. Me arrebató la bolsa y se fue caminando.

Y eso fue todo. Ni fanfarrias, ni gracias. Nada de: "¡Aliza, salvaste el día!" No sé por qué esperaba mucha más gratitud, pero ese día me di cuenta de que pasaría mucho tiempo antes de que alguien apreciara algo que hiciera. Parecía que "gracias" no estaba en el vocabulario de la mayoría de la gente en el mundo de la moda. **CONSEJO: No esperes un agradecimiento o una palmadita en el hombro. Trabaja muy bien PARA TI MISMO.**

Regresé a la oficina un poco derrotada, pero muy emocionada de haber visto una verdadera sesión fotográfica (aunque sólo fue por un instante). ¿Y qué si era una mensajera gloriosa? Un día estás socializando en Bryant Park usando zapatos de diseñador y al día siguiente eres un vil empleado empapado hasta los huesos al que nadie le da las gracias. Todo lo que me importaba era que un día yo tendría un papel más importante. **CONSEJO: Baja la cabeza y sólo haz tu trabajo.**

Después de dos meses exitosos en la revista *Haute* decidí que era buena idea tener más experiencia para agregar a mi currículum. Le pregunté a Dean si estaría bien reducir mis días a cuatro para hacer prácticas en otro lado. Estuvo de acuerdo. Por favor nota que no mencionaría esta idea si no estuviera segura de que ya había invertido tiempo suficiente y de buena calidad en *Haute* y le había demostrado a Dean quién era. Tendría su apoyo porque sabía que era una becaria trabajadora y dedicada. Entendería lo que estaba tratando de hacer.

Otra editora de moda en *Haute* escuchó por ahí que yo andaba buscando una oportunidad adicional de hacer prácticas y mencionó que su prima era la directora de moda de la revista *Le Ville* y que tal vez necesitaba algunos becarios. Llamó a su prima y concertó una entrevista telefónica para mí. ¡Lo conseguí! Unas prácticas de un-día-a-la-semana. Serían los viernes y, con suerte, aprendería más habilidades relevantes. Pero lo más importante, sería capaz de tener mi segunda "experiencia en moda" para mi currículum.

Si *Haute* era el cielo de las prácticas profesionales... *Le Ville* era el infierno. Primero que nada, en términos técnicos, no era una revista de moda. Tenía un improvisado departamento en el salón de conferencias de la revista (adornado con florecitas y caoba, en verdad no puedo imaginar una decoración más anticuada). Éramos un ejército, lo cual era bueno porque siempre había seguridad en los números, pero no había espacio suficiente para todos. Mientras tanto, las horas que trabajábamos eran por completo descabelladas. A veces nos quedábamos en ese cuarto hasta las dos de la mañana preparando lo necesario para las sesiones de fotos.

Lo peor de estas terribles condiciones de trabajo era la editora de moda, Leanne, una total pesadilla. P. D. La directora de moda, o sea, la prima de la editora de *Haute* que me recomendó, era linda y tranquila. El problema era que siempre estaba en sesiones fotográficas fuera de la oficina y nos dejaba con Leanne. Esta mujer casi nos trataba como basura, no nos hablaba, sino que escupía órdenes. Fue en la revista *Le Ville* donde aprendí una lección importante: cómo *no* ser. Es curioso, a veces aprendes lo mejor al ver a gente exhibiendo lo peor.

Tuve suerte al estar bajo la tutela de buenos jefes en *Haute*, así que esto era nuevo para mí. Pero al final del día, sólo necesitaba poner *Le Ville Magazine* en mi currículum y con suerte conseguir una brillante carta de referencia. **CONSEJO: Sácale jugo y mucha experiencia no importa a qué.**

Después de cinco meses de prácticas, por fin logré una marca en mi carrera. Así que cuando se abrió una vacante de asistente de accesorios en *Atelier Magazine,* Dean me recomendó para el trabajo. De hecho, casi amenaza al equipo de *Atelier* con matarlos si no me contrataban. Siempre estaré en deuda con Dean. Fue el hada madrina que todo el mundo necesita en un momento u otro para abrirse camino.

Siempre hay una persona que te da la oportunidad, que te cobija bajo sus alas y cambia tu carrera profesional. Si puedes identificar un supervisor con un generoso espíritu de enseñanza, entonces vale la pena tu tiempo y energía para seguir cultivando esa relación. Por desgracia, es fácil perder contacto con la gente cuando te mueves de las empresas. Pero si haces un esfuerzo para mantenerte cerca, empezarás a crear una relación de mentor-aprendiz. No olvides informarle al tuyo dónde trabajas, qué haces y cómo van las cosas. Si piensas moverte, él será la persona perfecta para auxiliarte. Cuando aplicas alguno de sus consejos y el resultado es favorable, cuéntaselo. Estará emocionado porque... ¡todo salió bien y fue capaz de ayudarte! Siempre agradece a tu mentor su apoyo. Una carta escrita a mano puede llevarte muy lejos. También podrías mandarle detalles de agradecimiento de vez en cuando, como flores. Estos pequeños gestos muestran que valoras sus consejos y el tiempo que dedica a enseñarte el camino. Es muy importante promover estas relaciones al principio porque resultarán invaluables cuando logres un ascenso en tu carrera. **CONSEJO: Encuentra un mentor o un ángel de carrera para construir una relación estratégica y significativa.**

¡Hazlo! Realiza tus prácticas como todo un *rock star*

Cuando entres al verdadero ambiente de trabajo por primera vez, en especial como estudiante de universidad empezando las prácticas, recuerda por qué estás ahí: primero, y sobre todo, para aprender habilidades y fortalezas que mejoren tu currículum y asegurar una buena referencia de tu supervisor. No obtienes estas cosas si piensas: "Ah, sólo soy un becario, así que esta experiencia en realidad no importa".

Demasiadas personas cometen el error de reflexionar que, como no trabajan "de verdad" en un lugar, no importa cómo se presenten. Por el contrario, importa más porque te pruebas a ti mismo.

Cuando llegue el último día de tus prácticas, tu jefe debería estar rogando por que te quedaras. Debería decir: "¿Qué vamos a hacer sin ti?" *Ésa* es una impresión duradera. *Ésa* es la referencia que queremos. He aquí cómo lograrlo:

1. Vístete de forma adecuada. Entre más lo hagas de acuerdo con la cultura de la oficina, será más fácil para la gente visualizarte como parte del equipo. Ahora, aquí es donde empiezas a preocuparte porque no tienes dinero para comprar ropa nueva. Escucha: compra en tiendas de artículos usados o pídela prestada a tus amigos. Cuando mi hermana y yo nos aburrimos de nuestros clósets, intercambiamos guardarropa. ¡Se siente tan gratificante como comprar! Si puedes, invierte en accesorios. Unos buenos zapatos o una bolsa de calidad es mucho más difícil de imitar. Cuando dudes sobre qué ponerte, usa negro. Con el negro nunca te equivocas. Sé consciente de los cortes: la oficina no es lugar para *strapless* o escotes. Las minifaldas también pueden ser mal vistas. No eres estúpido, así que no necesito decir esto, pero… no te vistas como si fueras a una fiesta. Jóvenes, su consejo es diferente. Por alguna razón los hombres subestiman la importancia de una camisa limpia y planchada. No te vistas como si acabaras de salir de la cama. Un *outfit* adormilado puede dar la impresión de una mente igual.

2. Investiga a tus empleadores o jefes con anticipación. Guglea el nombre de todos los que trabajan ahí. Estúdialos y memoriza quiénes son. No hay excusa para no saber quién es el CEO de una compañía (cuando

termines en el elevador solo con él, no quieres cometer el gran error de ignorarlo). Si puedes, también es inteligente examinar en fotografías el lenguaje corporal de tus futuros colegas: ¿En verdad están sonrientes y divirtiéndose o son serios y rígidos? Si han publicado en algún lado, ¿qué dicen? ¿Qué dicen los demás sobre ellos? Piensa como periodista y saca conclusiones para descubrir cuál es el tono de la oficina. **CONSEJO: Conoce a los jugadores o no sabrás cómo jugar.**

3. Sé puntual. No, mejor aún, llega primero que todos. Si tu jefe aparece y ya estás en la oficina, serán puntos buenos, y si le preguntas a tu supervisor la noche anterior qué proyecto puedes empezar en la mañana, lograrás el estatus de *rock star* en cuestión de segundos. Esforzarte de más será compensado algún día, te lo aseguro. Y si tienes el atrevimiento de llegar tarde, ¿adivina qué proyectas? La señal de "en realidad no valoro la oportunidad". Podrías ir escogiendo tu lápida porque, cariño, estás muerto y enterrado.

4. Recuerda, no eres uno de ellos. De hecho, ni siquiera tienes un trabajo, eres un becario. Tu jefe no quiere escuchar información que no pidió, como problemas con tu novio, qué cenaste, mucho menos que estás cansada porque tuviste una fiesta hasta las tres de la mañana. Por otra parte, tu jefe tampoco quiere ser interrogado por ti. No hagas preguntas personales. Sabrás si la relación evoluciona y cuándo lo hace porque de forma voluntaria empezará a revelar anécdotas sobre su vida. Aun entonces, estarás mejor como el escucha que como el chismoso. No debe parecer que tú mandas primero la señal de "ya somos amigos". **CONSEJO: Filtra la información que le dices a tu jefe.**

5. Aprende a empezar tú solo. No todos los gerentes o directores son buenos para delegar y dar indicaciones, así que toma la iniciativa para hacer que tu trabajo te lleve muy lejos. No hay nada peor que un becario sentado porque no tiene nada que hacer. Si no puedes descubrir lo que deberías o podrías estar haciendo… Pregunta por todos lados.

6. Capta la indirecta. Cuando empiezas a trabajar en una oficina, debes poner mucha atención a su cultura y atmósfera. ¿Es ruidosa? ¿Es seria? ¿La gente come en los escritorios? Conoces el dicho "A donde fueres, haz lo que vieres". Bien, pues aquí aplica el mismo principio. Debes seguir al líder e imitar la forma en que trabajan tus colegas. Si diario todo el mundo viste de negro y decides usar rojo, generas una presentación llamativa y no precisamente positiva. Mejor espera hasta que te hayas establecido bien.

7. No preguntes todo. Aquel que dijo "No hay preguntas tontas", está mal. Es decir, hazle un favor a tu jefe y busca respuestas a tus preguntas antes de hacerlas. Prefiero mil veces alguien que diga: "El edificio de Condé Nast está en el del World Trade Center, sólo quiero confirmar que es ahí donde quieres que envíe el paquete", a alguien que diga: "¿Dónde está el edificio de Condé Nast?"

8. No chismees. Cuando pasas mucho tiempo en la oficina, te das cuenta de que las reglas y actitudes son como en la preparatoria: las palabras vuelan por los pasillos. No le eches leña al fuego. Mantén la boca cerrada y no opines en asuntos que no tienen que ver contigo. Esto también aplica para lo que dices fuera de la oficina. Todo el mundo adora la historia que

empieza: "Ahora que está de becario en X compañía, mi amigo escuchó que…", porque, al final, alguien que trabaja en dicha compañía escuchará de un pajarito lo que dijiste. Recuerda, el mundo es muy pequeño.

9. Sí, sí, sí y otra vez sí. Cuando aparezca una tarea relacionada con el trabajo, la única palabra que conoces es "sí". Y no un "sí" con mala actitud, suspiro o volteada de ojo. Debe ser un "¡Sí!", con entusiasmo y fanfarrias. Los gerentes no deben sentir que te incomodas cuando te piden que hagas algo, y decir que sí cuando tu lenguaje corporal dice "¡no me molestes!" no es una buena estrategia. Claro que si te piden hacer algo que te haga sentir mal o incómodo, no lo hagas. Ningún trabajo vale la pena para sacrificar tus valores. Sabrás trazar tu línea.

10. No seas un zombi. El silencio puede malentenderse como grosería. Si ves a un colega, ¡salúdalo! Si no tienes nada que hacer, pide que te lo indiquen. Aprende a empezar tú solo. Reacciona a las instrucciones. Entiendo que puede ser intimidante, pero entre más platiques con tu supervisor, más impacto causarás.

11. No te saltes autoridades. Es natural querer pasar tiempo con el gran jefe, pero al que debes hacer feliz es a tu supervisor directo. Si ve que no estás encantado con él y andas de barbero con su jefe, no le va a gustar. La jerarquía en un departamento es muy importante y la gente la toma con mucha seriedad. Tú también debes hacerlo.

12. Redes sociales. Es tentador publicar cómo va tu día, pero es mejor idea concentrarte en tu trabajo. Recuerda que la gente ¡puede ver todo lo que *posteas*! En definitiva no quieres dar la impresión de que no tomas

en serio tu empleo, ¿o sí? Tampoco parecer distraído, o peor, que te atrapen hablando de tus colegas a sus espaldas (aunque sea de forma anónima). No es necesario decirlo, pero lo haré por si acaso: ¡No publiques nada de las prácticas! Lo que pasa en la oficina, se queda en la oficina. **CONSEJO: Lee las políticas de la compañía sobre redes sociales antes de *postear* algo, incluso en horas no laborales.**

Más adelante trataré el tema de las redes sociales con más detalle, pero como el asunto es muy importante en tu vida profesional, vale la pena mencionarlo aquí también.

Reflexiónalo de este modo: intentas crear tu reputación en el lugar de trabajo, así que no la arriesgues al ser poco profesional en tus plataformas personales. **CONSEJO: No quieres que tus perfiles den una mala impresión y que la gente con la que trabajas se vea influida de forma negativa.**

A continuación, algunas reglas rápidas:

- No sigas o te hagas amigo de tu supervisor de prácticas. Puedes hacerlo cuando termines y sepas que estableciste una buena relación.

- ¡Lo mismo para LinkedIn! Tu supervisor no querrá contactar contigo porque todavía no conoce tu trabajo… ni a ti. Espera a terminar las prácticas, es decir, cuando hayas probado quién eres.

- Si tu jefe te sigue o te manda solicitud primero, responde de manera afirmativa. Pero no empieces una conversación a menos que te hable. Seguro crees que soy muy insistente. ¿Por qué no construir una relación por las redes? Te aseguro que tendrás muchas… muy pronto.

- Si te contactaron por medio de alguna red social, entonces pon un cuidado extra en pensar lo que escribes antes de publicarlo. Tal vez sea agobiante, pero debes aguantar. Aunque sean tus perfiles personales, hay reglas.

  Sin embargo, usar las redes sociales es una excelente forma de contactar con compañías o ejecutivos (antes de entrar a prácticas profesionales). De hecho, lo recomiendo mucho. He conocido a muchos estudiantes a través de Twitter, LinkedIn, Facebook, etcétera, que han asegurado sus prácticas, incluso sus trabajos, por medio de sus contactos en internet. El mejor ejemplo es Jenna, de quien leíste en la introducción de este libro. Pero como ya dije, es mejor contactar por las redes sociales a los empleadores potenciales antes de las prácticas o al terminarlas.

13. Aprovecha a tu equipo. Tienes profesionales al alcance de tu mano, no desperdicies la oportunidad de aprender de tus colegas y descubrir cómo empezaron. Estoy segura de que tienen maravillosas historias que contar y alguna de ellas puede generar una idea que te ayude. También es inteligente pedirles retroalimentación de vez en cuando sobre lo que haces. Descubrir lo que puedes corregir mientras tienes tiempo es mejor que: a) nunca saberlo, y b) descubrirlo cuando ya casi terminas el programa. En esencia, te dan una oportunidad para mejorar la impresión que has dado al supervisor, así que ¡no la dejes ir! La crítica constructiva sólo puede ayudarte. Para tu supervisor será más fácil dártela si la pides de modo directo.

14. Despídete con gracia. Asegúrate de agradecer al supervisor por la maravillosa experiencia. **CONSEJO: No**

olvides despedirte de todos en el equipo, no sólo de los jefes. Si sientes que te lo mereces, pregunta si te daría una carta de recomendación o ponerlo como referencia al solicitar un empleo. De hecho, pide a cualquiera del equipo con el que trabajaste si podrían ser tu referencia laboral. ¡Entre más tengas, mejor! Crea una carpeta para guardarlas, cuando las necesites las tendrás a la mano. Como la gente muchas veces cambia de trabajo, consigue información de contacto personal. Claro que puedes buscarlos en LinkedIn, pero es mejor tener *email*, dirección, teléfono de casa o celular, es decir, las cosas que no cambian tanto.

Tener las referencias no significa que terminaste la tarea. Aunque sea fastidioso, necesitas contactar a cada persona justo antes de ir a una entrevista de trabajo. Otra vez pregúntales si no tienen inconveniente en que los menciones. Ya sé que piensas: "¡Pero si ya me dijeron que sí y hasta tengo las cartas que lo comprueban!" Sí, lo sé. Pero la cosa está así: al volver a preguntar reconectas con la persona, recordándole quién eres y qué impresión tiene de ti. De esta forma, cuando un empleador potencial le llame, estará preparada. El tiempo pasa de forma inevitable y los supervisores tienen incontables becarios. No querrás pasar la vergüenza de que hablen con un antiguo jefe desprevenido. Es tu trabajo contactarlo. Si tienes suerte, te recordará y estará dispuesto a hablar por ti. Pero no lo des por hecho.

Dar lo mejor de ti en las prácticas profesionales es lo más importante cuando empiezas tu carrera. Ser becario no sólo te permite aprender habilidades importantes, también ofrece posibilidades invaluables de contacto. Cualquiera de ellas puede guiarte al siguiente trabajo. Además, cuando estás en una oficina y eres de los mejores, es más fácil que te enteres sobre oportunidades de trabajo. Si Dean no me hubiera recomendado para laborar en *Atelier*, tal vez ni siquiera lo hubiera escuchado. Si le sacas jugo a tus prácticas y ganas la confianza de tu supervisor, podrás usar esa fuente mucho tiempo después de que te hayas ido. De vez en cuando repórtate con tus supervisores anteriores para ver si han escuchado de alguna oferta de trabajo que te interese. Asegúrate de no acosarlos. **CONSEJO: La gente que ya tiene trabajo siempre se entera primero de las vacantes.** Si saben de alguna y conocen a la gente que está contratando, tal vez estarán dispuestos a reenviar tu currículum. Recuerda que las personas confían en quienes conocen. Tu desempeño es la clave para ganarte ese nivel de confianza. Así que no alejes una gran oportunidad.

CAPÍTULO CINCO

Da en el clavo en tu primera entrevista

Gracias a la brillante recomendación de Dean, me llamaron a una entrevista para la vacante de asistente en el departamento de accesorios de la revista *Atelier*. Era mi primera entrevista para un trabajo real, y estaba petrificada. La única experiencia relevante que tenía en moda era la de *Haute* y un poco de *Le Ville,* y claro, la pasión por lo que había aprendido en estos lugares durante el verano. Para prepararme, compré la última publicación de *Atelier* y la leí con mucho cuidado mientras trataba de entender su punto de vista. Era una revista buena, pero no de alta costura como *Haute*. Ni siquiera existía cuando era niña y llenaba mis paredes de recortes. Podía decir que su tono era amigable, informativo y, en definitiva, tenía un gran componente de moda, pero no era tan osado como el de *Haute*.

Entré a junta con Elizabeth, la editora de accesorios. Acababa de ser promovida y por eso obtuvo el permiso para contratar una asistente. Era una mujer alta con el cabello rubio más claro que te puedas imaginar. Tenía facciones filosas y unos llorosos ojos azules. A primera vista, parecía intimidante, pero cuando se sentó a platicar fue cálida y encantadora. Sentí una conexión instantánea con ella y esperaba que fuera mutua. Estaba bastante segura de que había pasado a la siguiente ronda de entrevistas. Ahora me reuniría con Heather, la directora de accesorios.

Heather era bajita y no tan *fashion* como Elizabeth. De hecho, no me daba la impresión de ser alguien que trabajara en el mundo de la moda. Su *look* era sencillo y clásico. Tenía el cabello castaño con un corte pixie y usaba lentes de carey. Si le hubiera hecho audición para una película, la habría puesto de maestra. Pero tan inofensivo era su estilo como malvado su juego al entrevistar. Algo en su forma de hablar me hacía sentir como si estuviera tratando de confundirme a propósito. Me preguntó muchas cosas que generaban respuestas subjetivas: ¿Qué pensaba de la revista? ¿Qué estilo de medias le pondría a una falda ajustada? ¿Qué zapatos diseñaría para esa combinación? ¿Qué creía que la revista podía mejorar? ¿Qué otras revistas leía? ¿Quiénes eran mis diseñadores preferidos? ¿Cuál era mi muestra favorita en esa temporada? Sospeché que las únicas respuestas correctas eran las suyas. Imaginé que juzgaba mi gusto, qué tan rápidos eran mis reflejos y qué tan cómoda me sentía en el caluroso asiento. Salí de ahí bastante insegura de cómo me habría ido, pero sabía que hablé bien y confiada. Supongo que eso contaría para algo. Pues bien, así fue, porque unos días después me llamaron para ofrecerme el puesto.

Tómate una selfie:
¿Puedes controlar la entrevista?

Lo peor es la entrevista, ¿no? Es tan fácil ahuyentar tus opor
tunidades porque quien escucha importa tanto como tú.
Aunque he aquí la buena noticia: tú estás a cargo de lo que
sale de tu boca. Uno de los errores más grandes que comete
la gente es que, al tratar de probar su valor, usan un lenguaje
y tono incorrectos. Claro que necesitas promover tus logros,
pero hay maneras de hacerlo. Echemos un vistazo:

1. ¿Suenas engreído o seguro?
   Engreído: "Soy la mejor persona en mi equipo".
   Seguro: "Este año he tenido la fortuna de dirigir un
   equipo en varios proyectos".
   Engreído: "Puedo hacer todo bien".
   Seguro: "Soy un multitareas experimentado que tra-
   baja bien bajo presión".

   ¿Ves la diferencia? El engreído no es agradable, pero
   el seguro puede serlo. Una persona inteligente ad-
   mirará a alguien que expresa su seguridad de forma
   educada, pero *todo el mundo* odia a los engreídos. Por
   eso necesitas promover tus habilidades y atributos positivos, sin provocar el repudio de quien te entrevista.
   Por lo general, las personas quieren que los engreídos
   se equivoquen. No lo olvides.

2. ¿Comunicas bien tus fortalezas? Tal vez seas maravilloso en ciertas competencias principales, pero si
   no ofreces buenos ejemplos de cómo las usas, terminarás sonando como un montón de ruido. Llega
   a la entrevista con una lista de tres a cinco ejemplos
   donde muestres (no sólo digas) lo bien que conoces
   tus cosas.

3. ¿Felicitas los triunfos de tu futura compañía? Quieres demostrar al entrevistador que los has seguido, que eres un verdadero fan de la marca. No olvides hacer una referencia especial a los logros en los que tu entrevistador estuvo involucrado (para saberlo glugléalo con anticipación). Ten cuidado para no verte muy adulador en este punto. Hay personas que lo detectan a kilómetros de distancia.

4. ¿Mantienes contacto visual? ¿Suenas y te ves interesado?

5. ¿Muestras que tienes la personalidad correcta para el trabajo? Por ejemplo, en relaciones públicas necesitas una personalidad extrovertida porque todo el trabajo se trata de tu habilidad para tratar con personas. Si luces como alguien miserable que no tiene energía, no me importará cuántas habilidades tengas en relaciones públicas, no eres el tipo de persona que quiero en mi equipo.

6. ¿Estás listo para hablar sobre un gran obstáculo y cómo lo superaste?

7. ¿Tienes ejemplos preparados para demostrar que trabajas bien en equipo?

8. Tienes una respuesta para la temible pregunta "¿Cuáles son tus debilidades?" De hecho, hay dos grandes errores al contestar: a) hacerlo con completa honestidad, y b) hacerlo de forma que parezca que tu entrevistador es un idiota. "Me preocupo demasiado" no es una debilidad. "¡No sé decir que no!" tampoco. Lo peor es que estas falsas respuestas son insultantes para la persona que te entrevista. Entonces, ¿cómo manejarlo? Prueba esto a ver si te acomoda: "Nunca estoy seguro de cómo contestar esa pregunta. No

porque sea perfecto, obvio no lo soy, pero no siento que haya algo en mis habilidades que me impida hacer este trabajo bien. En verdad creo que mis cualidades son un punto a favor para esta vacante".

Si el entrevistador te presiona, intenta distraerlo. Por ejemplo: "Si me pidiera realizar asignaciones presupuestarias o escribir comunicados de prensa todo el día, en definitiva usaría mejor mi tiempo al escribir comunicados de prensa. Puedo hacer las asignaciones bastante bien, pero no me encantan los números". Nota que no mencioné "debilidad". Esta palabra es tan negativa que no se debe repetir. También fíjate que cuando respondas debes estar consciente del puesto para el que aplicas. Si estás a prueba para una vacante en una firma de asignaciones y dices que no te encantan los números, ¡seguro no es una buena idea! **CONSEJO: Tu "debilidad" nunca debe ser igual a una competencia básica o principal del trabajo que quieres conseguir.**

¿Tienes preparadas algunas preguntas sobre la compañía o el puesto para el que aplicas? ¿Son interrogantes que no puedes resolver por internet? Por ejemplo, no preguntes cuándo se fundó la compañía porque es claro que puedes guglear esta información en un nanosegundo. A nadie le gusta perder su tiempo y mucho menos entrevistando a alguien que no hizo su tarea. Algunos ejemplos de preguntas inteligentes son: ¿Este puesto depende por completo del equipo o hace sus actividades de forma independiente? ¿Qué otros departamentos trabajan de manera cercana o apoyan a la vacante para la que estoy aplicando? ¿Cómo es la cultura de la compañía? ¿Qué es lo que más te gusta de trabajar aquí?

Un ejemplo de las preguntas que debes olvidar es "¿Hay oportunidad de crecimiento?" En particular, me molesta esta interrogante porque la respuesta es que si en verdad eres bueno y la compañía te valora de verdad, habrá oportunidad de crecimiento. Esto no siempre pasa en el momento que crees adecuado, pero si tu jefe quiere que te sientas apoyado, dejará muy en claro que vas por buen camino para una promoción. Si haces la pregunta sobre crecimiento en una entrevista para un puesto de nivel básico, el entrevistador pensará que ya estás viendo el siguiente nivel cuando ni siquiera has empezado el primero.

9. ¿Sabes quién es tu mentor? ¿O a qué persona admiras? Te recomiendo que encuentres alguien porque es posible que te lo pregunten. Si todavía no tienes, tal vez podría ser un profesor que te ofreció su guía y protección. Si aún no piensas en uno, está BIEN. Puedes explicar que esperas encontrar un mentor es esta etapa de tu vida.

10. ¿Cuáles son tus mejores atributos o cualidades profesionales?

11. ¿Qué es lo que el entrevistador no puede saber sobre ti en tu currículum? Ten cuidado, es mejor contar algo inofensivo.

12. ¿Le pediste al entrevistador su tarjeta de presentación? La necesitarás para seguir en contacto después y no andar adivinando cómo se escribe su nombre o cargo.

13. ¿Le diste las gracias al entrevistador (o entrevistadores)? Aunque soy fan de la nota escrita, me he dado cuenta de que el silencio de no enviar un agradecimiento a tiempo habla fuerte, para mal. Los

entrevistadores buscan los *emails* de agradecimiento. Debes enviarlo el mismo día de tu entrevista. Además, si conociste a varias personas del equipo, necesitas cambiar el agradecimiento para cada una. Si quieres verte mejor, después de los *emails* manda notas escritas a mano. Como he dicho antes, no olvides agradecer a todos, no sólo a la persona de más rango. Todos hablaron contigo, ¿no? ¡Escoger a quién agradecer y a quién no es un gran error! En un *email* puedes terminar mostrando lo mucho que no entiendes o si respetas la jerarquía.

Dar en el clavo en la entrevista es una de las cosas más difíciles porque mucho de tu éxito depende de con quién hables. Además de respuestas preparadas, debes darte cuenta de cómo se perciben. Intenta pensar de forma muy consciente si el entrevistador parece interesado en lo que dices o si pierdes su atención. Si esto último es la respuesta, entonces asegúrate de reiniciar o recuperarte en el siguiente tema. Si sientes que no eres capaz de darle las respuestas que quiere escuchar, cambia la jugada. La gente adora hablar de sí misma y preguntarle sobre su experiencia en la compañía romperá la tensión y moverá los reflectores, al menos por unos momentos.

CAPÍTULO SEIS

Consigue tu primera tarjeta de presentación

Cuando empecé en la revista *Atelier* mi sueldo era de unos increíbles 315 000 dólares al año (*S). Vivía con mis padres en Long Island y no tenía cuentas que pagar, así que me sentía millonaria. Elizabeth era una jefa cálida y me instruía bien. Era como la maravillosa continuación de Dean. De inmediato me tomó bajo su protección y me sentí en casa. Casi al igual que en *Haute,* estaba a cargo de la organización del clóset de accesorios, de hacer los llamados y de mantener el inventario al día.

Era feliz de ser una verdadera empleada de una revista de modas. ¡Estaba ansiosa por convertirme en un miembro valioso del equipo! No me importaba si tenía que quitarle la pelusa a los zapatos otra vez o aspirar el clóset (por cierto, algunas veces hice ambas tareas). Al fin estaba en el camino correcto para hacer mi carrera en el mundo de la moda y ¡lejos de la horrible ropa quirúrgica!

Eran como las tres de la tarde de mi primer viernes en *Atelier,* cuando Elizabeth vino a mi escritorio y me dijo:

—La próxima semana debemos regresar todos los zapatos de la temporada pasada. ¿Podrías inventariar cada par por talla y diseñador para devolverlos el lunes? No olvides tomar las Polaroid porque ¡no hay nada peor que no tener pruebas de que lo hicimos!

—¡No te preocupes Elizabeth! —respondí. Le deseé buen fin de semana y se fue.

El clóset de *Atelier* era el doble de grande que el de *Haute,* pero no tan bonito. Tenía unas horribles estanterías de hierro forjado que parecían barricadas del ejército. Debido a la incómoda longitud de dichas estanterías, siempre había algunos zapatos sin acomodar, y como el espacio vertical de un entrepaño a otro era muy alto, los pares se apilaban unos encima de otros para que la gente no tuviera que escalar hasta alcanzar los más altos. Era una imagen muy triste. Además, era difícil mantener un inventario ordenado, sin mencionar que los zapatos estaban acomodados por color y material, así que veinte pares de ante negro se veían como una gran masa oscura y amorfa.

Después de la partida de Elizabeth, fui al clóset para estudiar la situación y poner manos a la obra. Ya había estado ahí pero sin captar su magnitud. Ahora, al considerar lo que me había pedido Elizabeth, me quedé boquiabierta. Había más de mil pares de zapatos. En definitiva tendría que trabajar todo el fin de semana para ordenarlos y regresarlos el lunes. Fue uno de esos momentos en los que piensas: "Espera, ¿éste es el trabajo de mis sueños? ¿Por esto desperdicié una prestigiosa carrera de medicina, para clasificar zapatos en bolsas de papel?"

Cuando empecé a alinear las bolsas cafés a lo largo del corredor, mis ojos se llenaron de lágrimas. Me di cuenta de lo imposible de la tarea y me preguntaba si Elizabeth me habría indicado esta locura para probar mi perseverancia y actitud. Etiquetaba cada bolsa con el nombre del diseñador y metía el par de zapatos correspondiente. Llevaba como cincuenta pares cuando de repente recordé que *también* quería que documentara *todo* lo que se iba a regresar. Tuve que desempacar cada par, tomar la Polaroid y escribir abajo la talla. ¡¿Cómo pude ser tan descuidada?! Al sentirme tan agobiada y sola, llamé a Cara de *Haute* para que me aconsejara cómo enfrentar esto (y tener un hombro para llorar).

—¿Cara? Soy yo, Aliza —sabía que mi voz estaba temblorosa y a punto de quebrarse, pero continué—. Elizabeth, mi nueva jefa, quiere que regrese todos los zapatos de la temporada pasada para el lunes. ¡Es imposible! ¡Te juro que hay más de mil pares aquí! ¡No sé qué hacer!

Cara se mostró solidaria e incrédula.

—Conozco a Elizabeth y no creo que espere que hagas todo eso tan rápido. ¿Estás segura? ¿Quieres que vaya a ayudarte?

—No, gracias —contesté—. Eres una editora de *Haute*. No puedes ayudar a la asistente de otra revista ¡a limpiar el clóset! —Le aseguré que no me quedaría hasta tarde (mentira) y colgué.

Me sentí un poco mejor, al menos alguien más entendía mi problema y compartía mi pena. Me quedé en el clóset hasta las dos de la mañana. Sabía que mi madre me llamaría cada hora para ver si estaba viva. Qué tal que un asesino entraba con un hacha a la oficina y me dejaba en pedacitos. Te has fijado que cuando te sientes inquieto ante alguna decisión, ¿estás más a la defensiva? Cada vez que mi mamá empezaba con su "no puedo creer que te hayan dejado sola para completar esa ridícula tarea", yo le gritaba que todo el mundo lo hacía y tenía que cumplir con mi deber (bla, bla, bla). Pero en el fondo me preguntaba si no tendría razón.

Fui a casa, dormí como cuatro horas y a las siete de la mañana regresé a la oficina para continuar con el infierno de regresar las muestras. Para ese momento ya había armado un sistema y trabajaba más rápido. Pero parecía que las pilas de zapatos no bajaban. Estuve todo el día sin otro ser humano a la vista. Me quedé hasta las tres de la mañana y lo mismo el domingo.

Cuando me presenté el lunes en la mañana sentía como si me hubieran pisoteado con unos *stilettos* de 12 cm. Pero eso sí, había sacado, fotografiado, documentado y empaquetado todos los pares de zapatos. Justo como Elizabeth quería.

Cuando llegó, rápido y muy orgullosa de mí, la llevé al clóset para mostrarle los estantes vacíos y mis incontables bolsas alineadas como soldaditos. ¿Quieres saber su respuesta?: "¡Wow! ¡No tenías que hacerlo *todo* para hoy!"

¡¿QUÉ DIJO?! ¿Fue un malentendido? ¿O se dio cuenta de la enormidad de lo que había pedido y se sintió apenada de hacer tal petición? No quería preguntarle, pero necesitaba entender.

—Elizabeth, pensé que el lunes debíamos regresar todo —le dije.

—Quise decir esta semana —contestó—. Debiste preguntarme para estar segura.

¡Aghhh! Lección aprendida. **CONSEJO: ¡Siempre aclara cuándo es la fecha límite!**

Así era la vida de una asistente editorial. El trabajo era infinito y las horas inflexibles. Elizabeth era una jefa excelente, pero básicamente yo debía aceptar que mi vida ya no era mía. El trabajo requería de mucho esfuerzo y debía hacer lo que fuera para sacarlo adelante. Esto no sólo pasaba en *Atelier*, también en *Haute*, y estoy segura de que en otras incontables revistas. Pero era donde quería estar y no me importaba nada más. Además, estaba soltera, así que no me preocupaba si trabajaba hasta altas horas de la noche. De hecho, muchas veces era divertido porque había otras asistentes y nos acompañábamos para librar la batalla desde la trinchera. Si quieres sobrevivir, debes convertir al mundo de la moda en tu familia. Eso hice.

Quería ser la mejor asistente, por lo que me aseguraba de ir más allá en todo lo que Elizabeth me pedía. Funcionó. Entre más cosas tenía a mi cargo, más me dejaban hacer. En el mundo corporativo y empresarial donde el cargo es todo, Elizabeth no estaba consumida por la competencia. Me dio el mismo acceso que ella tenía y abrió la puerta para interactuar con tanta gente de nivel superior como pudiera.

Además me animó a acercarme a todas las personas de relaciones públicas de las casas diseñadoras y las agencias de RP. Me invitó a proponer juntas las páginas de tendencias y a armar historias. Pero aunque podía hacer todo eso, no se me olvidaba que todavía necesitaba y quería ser la chica del clóset. Así que use cada sombrero y lo combiné con todo. De hecho, la mejor parte era que mi nombre estaba en el directorio de la revista y por fin tuve ¡mi primera tarjeta de presentación! Ver mi nombre impreso sobre un título de verdad fue mejor que mi primer cheque. Por si todavía no sentía que la experiencia fuera real, mi nombre en el directorio y en la tarjeta de presentación era la prueba de que al fin había entrado en la industria de la moda.

Conforme ganaba más experiencia, estuve más tiempo fuera de la oficina "cubriendo el mercado", asistiendo a reuniones y visitando colecciones. Desde luego, todo eso me permitió tener más y mejores conexiones. Amaba mi trabajo y en especial las ventajas que venían con él, empezando por las invitaciones para las *sample sales* (ventas de muestras). Sólo las personas dentro de la industria de la moda pueden asistir a ellas. A veces, las invitaciones eran exclusivas para los editores de accesorios. Estaba obsesionada con comprar en las ventas de muestras porque para mí era la única forma de construir un guardarropa a buen precio. Pero para obtener cosas buenas, debías llegar súper temprano. Por ejemplo, para mí era normal formarme a las 5:30 a.m. para entrar a una venta de muestras de Manolo Blahnik que abría a las 10:00. Créeme, sentir cansancio nunca pasó por mi mente.

Los editores de moda trabajan muchísimo, pero el lado bueno es que siempre los invitan a las fiestas más glamorosas, a cenas, cocteles y desfiles de moda. Además tienen acceso a los productos más nuevos y maravillosos, que los diseñadores están felices de prestarles antes que nadie pueda comprarlos. Cuando trabajas como editor de moda, te echas a perder muy rápido. Pero cuando sólo eres asistente, puedes cometer el error de pensar que toda esa ropa y accesorios en el clóset son normales, lo cual provoca que veas el tuyo como algo triste y patético. Así estaba yo. No tenía ese tipo de acceso, al menos no entonces, pero lo deseaba. La influencia que venía con el ser editora de modas era intoxicante.

Más allá de la moda, muchas veces me sorprendía lo que veía en la oficina. El talento era tan impresionante, y la creatividad colaborativa todavía más. La revista era la suma de toda la gente que contribuía en ella. Trabajar en *Atelier* me hizo entender por qué existe un directorio: no se trata de una persona, sino del equipo. En *Atelier* yo era un verdadero eslabón en la cadena de producción de una revista. Mi rol era claro y estaba orgullosa de que mis esfuerzos tuvieran un efecto real en las páginas de la publicación. Si no hacía un llamado para unos zapatos Chanel, no salían en la revista. Claro, no estábamos salvando vidas, pero creábamos aspiraciones para que todo el mundo las viera y las imitara. Estaba inspirada y muy feliz.

Cada mañana, cuando caminaba hacia ese enorme edificio con cientos de oficinas, me detenía por un momento para asegurarme de que no era un sueño. Siempre pasaba por mi café y un *muffin* (¡no sé qué pensaba al consumir tantas calorías!). No me importaba hacer un montón de trabajo físico, ir de aquí para allá con montones de bolsas que inflaban las venas de mis brazos. Nunca me molestaron las largas jornadas laborales. Aprovechaba todo. A decir verdad, estaba lejos de ser glamorosa, pero era mi entrada a ese mundo... El que sólo había entrevisto en las paredes de mi recámara.

Había cerrado el círculo. Ahora mi trabajo consistía en hacerme de un nombre y retarme para ser la mejor. Me lo debía, pero también se lo debía a mis padres, quienes apoyaron de forma incondicional mi decisión de dejar la medicina. Y no olvidemos a Dean. Él fue la única razón por la que obtuve el trabajo. También debía enorgullecerlo. Estaba haciendo todo lo que podía para ser exitosa, sin importarme cuántas horas al día trabajaba o cuanta sangre, sudor y lágrimas derramaba (por suerte no muchas). Al fin había empezado la carrera profesional que quería.

SEGUNDA PARTE

Triunfa en tu carrera

CAPÍTULO SIETE

Consigue un ascenso y un aumento

Luego de casi año y medio en la revista *Atelier,* había ganado bastante experiencia. Elizabeth me encargaba tantas cosas que crecí muy rápido. Sabía que realizaba actividades que rebasaban por mucho el nivel de asistente y quizá esto significaba que deberían pagarme más. Aunque nunca antes había pedido un ascenso (y en realidad no sabía bien cómo hacerlo), decidí que era el momento de solicitarlo. Primero lo comenté con Elizabeth. Ella apoyó la idea por completo, así que por recomendación suya hice una cita con Heather para discutirlo.

Heather siempre andaba apurada de arriba abajo y yo sabía que era poco paciente con las conversaciones triviales. Así que fui directo al grano cuando me senté a hablar con ella.

—Heather, estoy muy contenta en *Atelier.* Elizabeth es una jefa estupenda que me alienta a tener muchas responsabilidades, pero creo que el trabajo que hago es de un nivel mayor al de asistente. Sé que puedo manejar todavía más responsabilidad. ¿Considerarías ascenderme a editor asociado?

Silencio. Me clavó la mirada y luego dijo:

—Aliza, tienes mucha suerte de estar ganando una experiencia tan amplia, no lo des por hecho. Sin embargo, tu trabajo implica tomar tantas responsabilidades como puedas. No estás al nivel de un asociado y creo deberías concentrarte en tu puesto actual. Ahora tengo que hacer una llamada. —Dejó de prestarme atención y tomó el teléfono.

Regresé a mi cubículo sintiéndome derrotada por completo. No sabía si mi manera de presentar mi solicitud fue mala o si era muy pronto, así que consulté a Elizabeth.

—¿Crees que hice algo mal? —le pregunté—. Espero que no.

—No, no creo que hayas hecho algo mal —me aseguró Elizabeth—. Pero Heather tiene sus propios momentos para hacer las cosas y estoy segura de que piensa que necesitas pasar más tiempo en el grado de asistente.

Estaba molesta, pero supongo que no debía sorprenderme demasiado. Después de todo, pasar un año y medio en el mismo puesto no era tanto. Es sólo que tenía tantas responsabilidades que me resultaba confuso. Si en realidad nada más era asistente, ¿por qué desempeñaba el mismo trabajo que Elizabeth? Heather ni siquiera ofreció alguna pequeña luz al final del túnel: "Vas por el camino correcto, ¡sigue trabajando duro!" Comencé a sentir que no apoyaría mi crecimiento. Me encantaba mi trabajo, pero en el fondo empecé a preocuparme de que ella fuera la pared con la que me iba a topar al final de cada pasillo.

Hoy en día, una de las cosas que más me gustan es tener la posibilidad de ascender a un buen empleado. Pero siempre hay alguna persona que llega al periodo de revisión y empieza a recitar todas las cosas que ha hecho en el año (cosas que son parte de su trabajo). Todo eso ya te lo pagan. Se llama SUELDO. **CONSEJO: No obtendrás un ascenso por hacer tu trabajo; lo harás si vas _más allá_ de tus responsabilidades.** Conseguirás una promoción si asumes mayores encargos de forma constante. Esto quiere decir actuar a un nivel mayor que el de tu puesto actual. En retrospectiva, la gente no parece entender esto, sienten que es su derecho, como me pasó a mí entonces. Quizá manejaba responsabilidades mayores, pero no lo había hecho durante el tiempo suficiente y no tenía la experiencia necesaria para darme cuenta. Así que, ¿cómo saber cuándo mereces que te promuevan y pedirlo de forma correcta? ¿Y qué hacer para conseguirlo?

Probablemente, lo más importante que he aprendido es que, para obtener el ascenso de tus sueños necesitas volverte irremplazable. Es decir, debes ser tan increíble en tu trabajo que irte genere miedo. En esencia, debes hacer que la idea de remplazarte sea tan terrible que tu jefe decida que es mucho más fácil promoverte que lidiar con tu ausencia (incluso si esto significa que él tenga que enfrentarse a sus superiores en tu defensa). Una buena manera de hacerlo es tomar de forma voluntaria diversas responsabilidades que, en términos estrictos, no correspondan a tu puesto. Esto quiere decir que si en realidad haces dos o tres trabajos en uno, es mucho más difícil remplazarte a ti que a alguien que sólo hace uno. En compañías o equipos más pequeños, esto sucede a menudo porque no hay suficiente personal para repartir el trabajo. Si eres astuto al respecto, puede ser una ventaja. También es más fácil que tu jefe te imagine en un rol más importante si te comportas a la altura. **CONSEJO: Actúa como si estuvieras en un nivel superior a tu puesto actual.**

Cuando estés listo para discutir un posible ascenso, asegúrate las cosas que enlisté abajo, pero lo primero es respetar la jerarquía. Aunque es más efectivo tener esta conversación con la persona de mayor rango, habla primero con tu supervisor directo. Actúa como si creyeras que tu jefe directo tiene el poder y la autoridad para promoverte, aun si no los tiene. Lo importante es demostrar respeto. En última instancia, es probable que tu jefe deba presentarle el asunto a su superior. Pero así deben hacerse las cosas. Si te saltas a tu supervisor directo, te aseguro que no te ascenderán, y si lo hicieran, tu jefe directo estaría resentido.

Tómate una selfie: ¿En realidad estás preparado para un ascenso?

¿Cuál es tu plan para entrevistarte con tu jefe? Esto es lo que necesitas preguntarte:

1. ¿Has ido más allá del perfil de tu puesto? ¿Puedes identificar de tres a cinco cosas logradas que fueran innovadoras e inesperadas? A lo mejor trajiste un nuevo contrato a la compañía o ideaste una presentación exitosa y la ejecutaste de forma impecable. Debes respaldar cualquier cosa que digas, así que piensa bien tus ejemplos.

   Luego, no nada más vayas a la oficina de tu jefe a recitar tu lista. Demuestra las cosas, no las digas.

Presentarlas en papel es más convincente que sólo decirlas. Dedicar tiempo y esfuerzo para pensar en tu ascenso demuestra profesionalismo y dedicación. Haz una presentación de tus logros, incluye todas las estadísticas y datos duros que puedas. Si es posible, agrega números de la competencia directa de tu compañía y de cómo has rebasado su desempeño.

2. ¿Ya consideraste qué sigue? Enfoca parte de tu presentación en lo que puedes hacer por la compañía. Por ejemplo, si te promueven, harás x, y y z, que no se ha desarrollado en la actualidad. Al asociar la idea de tu ascenso con los beneficios para la compañía, facilitas que tu jefe presente tu caso a su superior. **CONSEJO: Pedir un ascenso no sólo debe ser un beneficio para ti.**

También hay otra forma de ver el asunto. Digamos que, en comparación con la competencia, tu compañía se está quedando atrás. Puedes preparar una presentación señalando estos hechos para identificar el vacío en sus negocios. Tu objetivo sería obtener permiso para encabezar un nuevo proyecto que mejore la posición de tu compañía en la industria. Identifica metas reales a alcanzar. Si tu jefe te deja llevarlo a cabo y tienes éxito, esto podría ser un buen impulso para un ascenso al final del año. Y aunque no lo fuera, demuestras que piensas en la compañía y no nada más en ti mismo. Eso le gusta a los empleadores.

3. ¿Has estado al menos dos años en tu puesto actual? Lo siento, pero eso he aprendido con los años. En retrospectiva, pedí el ascenso en *Atelier* muy pronto. Ahora que soy una gerente con experiencia, no me gustan las personas que trabajan un año y piensan: "Bueno, suficiente. ¡Ya es tiempo de subir!" Siento

decir que debes hacer méritos durante más de tiempo. Conozco asistentes que han tenido el mismo puesto tres años al menos. Sé que ahora todos creen que merecen subir el escalafón a la velocidad de un rayo, pero piénsalo dos veces. Sobre todo, considera todo lo que necesitas conocer. No lo sabes todo y entre más conozcas tu nivel, mejor te irá.

Nota: Por desgracia, en algunos casos las compañías no reconocen tu valor hasta que otra compañía intenta acercarse a ti. Si en verdad estás contento en tu empresa y quieres crecer ahí, considera una entrevista en otro lado, obtén una buena oferta y luego presentársela a tu jefe. Por supuesto, esperas que reconozca lo que vales y se ofrezca a igualar la oferta, o al menos a incrementar tu sueldo en un esfuerzo de que te quedes. Pero si intentas esta estrategia, necesitas estar bien preparado por si tu jefe no te hace ninguna. En tal caso, no tendrías otra opción que aceptar el otro trabajo. Sobra decirlo, pero lo diré de todos modos: nunca debes inventar otra oferta de trabajo porque te puedes quedar sin empleo. Además, sólo recomiendo ir a una entrevista en otra compañía como último recurso. En cualquier industria, los rumores corren rápido y quizá tu jefe se entere de la entrevista y se disguste. La mejor estrategia es intentar crecer primero en tu propia compañía. Pero, de nuevo, antes de hacerlo asegúrate de que es el momento correcto y en realidad lo mereces.

Tal vez las personas que cambian seguido de trabajo hagan crecer su cuenta de banco, pero si brincas de una compañía a otra muchas veces, tu historial se parecerá al de un mujeriego. No se ve bien y un jefe inteligente no te tomará en serio. Recuerda que preparar a alguien requiere mucha energía y esfuerzo. Si al ver tu trayectoria parece que sólo vas a quedarte un año, no resultarás alguien en quien valga la pena invertir.

4. ¿Has hecho lo mejor para que tu jefe se vea bien? Ya sé que es una pregunta extraña porque tú quieres el ascenso. Pero la cosa está así: te des cuenta o no, ése es tu trabajo. **CONSEJO: Haz lucir a tu jefe.** Si lo has logrado durante todo el año, créeme que deseará que te quedes. Hacer que tu jefe se luzca no significa ser adulador, sino trabajar de tal forma que su trabajo sea mucho más fácil y, al mismo tiempo, le permitas quedar bien.

5. ¿Tus clientes/colegas te aman? ¿Los has impresionado tanto que te elogian ante otras personas? Si la respuesta es sí, entonces revisa sus *emails* e incluye su testimonio en tu presentación. La credibilidad que aportan terceros pesa mucho en los ascensos. Siempre es mejor cuando alguien más habla por ti. **CONSEJO: Deja que otras personas le hagan promoción a tu talento.**

6. ¿Has manejado mayores responsabilidades? ¿Te has comportado o trabajado a un nivel por encima de tu puesto actual? Para ser claros, esto no quiere decir que debas actuar como tu jefe o hacer su trabajo. Es importante que tengas presente tu posición y que otros no te consideren una amenaza. Pero la forma en que te conduzcas en reuniones y la forma en que interactúes con las demás personas será juzgada. Nadie te imaginará como gerente en el futuro próximo si te comportas como un asistente. De nuevo, siempre respeta la jerarquía pero busca desempañarte en un nivel superior al tuyo.

7. ¿Eres alguien que tiene iniciativa? Las personas de alto rango no esperan a que les digan qué hacer, lo hacen. Para que te perciban como alguien que puede encargarse de sus subalternos, ten iniciativa y comienza tú los proyectos. ¿Hay algún miembro del equipo o pasantes a quienes puedas dirigir?

8. ¿Te llevas bien con la gente de cargos superiores? Es decir, ¿congenias con los peces gordos? Es una habilidad importante. Debes lograr que las personas con experiencia quieran estar cerca de ti. Necesitas encajar en ese grupo sin problemas. Si resaltas como un dedo hinchado, no será fácil que visualicen un ascenso para ti.

9. ¿Eres bueno presentando proyectos? ¿Haces contribuciones? ¿Traes ideas nuevas a la mesa? ¿Diriges la conversación o te sientas en silencio? Si no estás cómodo hablando en una reunión importante o no estás seguro de tus ideas, quizá no estés listo para el siguiente paso.

10. ¿Te ves bien? Para ser honesta, creo que los jeans y las playeras sólo le funcionan a Mark Zuckerberg. Para mí, si quieres ser una persona de alto rango en tu compañía, necesitas que te tomen en serio. Y la manera más fácil de lograrlo es usar la moda para incrementar tus recursos. Llegar al trabajo con el pelo sucio, apariencia de no haberte bañado y desarreglado no es un *look* que grite "¡Asciéndeme!", es un *look* que grita "No me importa un carajo".

11. ¿Haces todo lo necesario? Las personas exitosas siempre encuentran la manera de lograr hasta lo imposible. Saben cómo superar un obstáculo con recursos y creatividad. Viven con el principio de que no resolver un problema no es opción.

12. ¿Estás siempre dispuesto? Todos tienen opiniones diferentes sobre este punto, pero yo seguiré la mía. A cierto nivel, un trabajo ya no es nada más un trabajo: es una carrera. Si tu puesto implica muchas responsabilidades, entonces tu labor no termina cuando el día acaba, necesitas seguir conectado. De igual forma, si quieres tener mucha responsabilidad, tu jefe debe saber que puede localizarte en cualquier momento y en cualquier lugar. **CONSEJO: Ser accesible te vuelve indispensable.**

En verdad creo que las personas más exitosas siempre están al tanto de lo que sucede en su negocio. Eso no quiere decir revisar tu *email* cada hora en punto, pero sí que lo abras unas cuantas veces al día, en la noche, en vacaciones, lo que sea. No checarlo puede resultar en una oportunidad perdida (o peor, en una crisis que pudo evitarse). No creo que revisar el *email* sea parte del trabajo. Creo que más bien es no dejar que las cosas te tomen por sorpresa. Me siento más cómoda si estoy al tanto de las cosas y si permanezco conectada. Nunca soñaría con irme de vacaciones y desconectarme por completo del mundo. Esa idea me resulta muy inquietante. (Tampoco ayuda que los ajustes de ropa o las pruebas de vestuario de las celebridades para los Globos de Oro ocurran a la mitad de diciembre cuando… ¡todos estamos en vacaciones de Navidad!)

Si te has autoevaluado de forma honesta de acuerdo con estos criterios, no debes preocuparte en lanzarte por todo y pedir un ascenso. Aunque seas increíble en tu trabajo y vayas más allá de lo que se espera de ti, si no hablas y argumentas tu caso, nadie te ofrecerá nada. Recuerda que hay muchas bocas que alimentar en cada empresa, así que tu labor es presentarle tu crecimiento al jefe. Lo peor que puede pasar es que diga no.

Si la respuesta es negativa, no te quejes ni reclames. Aunque no obtengas la respuesta que quieres o mereces, compórtate como un profesional. Sólo porque creas que es un buen momento para una promoción, eso no significa que la empresa coincida. Tal vez hay razones externas por las que un ascenso no es posible en ese preciso momento. Si estás muy decepcionado, puedes buscar otro trabajo, pero algunas veces es mejor seguir construyendo una buena reputación en la empresa donde ya invertiste tanto tiempo. Es difícil tener la disciplina para quedarte, pero quizá valga la pena. Por supuesto, si ya evaluaste la situación de manera objetiva y sabes que trabajas para un jefe o una compañía que no aprecia lo que aportas, entonces es tiempo de seguir adelante con otras cosas.

¡Hazlo! Negocia tu sueldo

Cuando pidas un ascenso, prepárate para negociar tu sueldo. A nadie le gustan conversaciones sobre dinero, pero es una realidad incómoda. Ya sé que puedes buscar en Google recomendaciones para hacerlo, pero sería negligente si no compartiera mis consejos contigo. Además, ¿no es mucho más sencillo tener todo junto en un solo lugar? Sí, eso pensé.

1. Siempre conoce tu valor en el mercado. Hay muchos sitios en internet que publican los salarios promedio

por industria y puesto. O si tienes amigos en otras empresas de la misma área, pregúntales.

2. Piensa en otros beneficios que no sean un aumento de sueldo, en caso de que el dinero no sea una opción. Por ejemplo, quizá puedas considerar más días de vacaciones como una gran compensación. O quizá un subsidio de vestuario. Es obvio que sólo debes pedir cosas relacionadas con tu trabajo.

3. Nunca amenaces o intimides a tu jefe. Tener mala actitud tampoco funciona. Necesitas ser agradable y demostrar tu valor. De otra manera no querrá conservarte.

4. Siempre pide más de lo que esperas recibir (dentro de lo razonable), asumiendo que tu jefe negociará tu propuesta hacia abajo. Pero debes considerar a la empresa. Por ejemplo, es probable que los salarios de una pequeña sean modestos en comparación con una marca bien establecida. No apuntes muy alto y te saques tú solo de la jugada. Quédate dentro de un rango sobre que en realidad quieres.

5. Si la contraoferta es muy baja, intenta de forma muy cortés (usando la investigación de mercado que hiciste) demostrar por qué crees que mereces más. Si por casualidad conoces el sueldo de alguien más de tu oficina, NO lo menciones. Los salarios son confidenciales y los empleadores no ven con buenos ojos a las personas que discuten las compensaciones en la oficina. Pero puedes referirte a otras compañías comparables, sólo recuerda que pueden contestarte: "Pues vete a trabajar allá".

Como dicen, negociar es un arte. Pero tu poder de negociación se sustenta mucho más en la persona que te escucha que en ti mismo. Asegúrate de haberle hecho justicia a tu jefe en cada momento, no sólo en las semanas anteriores a tu gran petición. Él tiene la clave para hacer de tu ascenso una realidad. **CONSEJO: Cerciórate de que tu jefe quiera que tengas éxito.** No desestimo tus talentos o tu desempeño, pero te recuerdo que es un asunto de dos. Sin el apoyo de tu superior, no importa cuán talentoso seas, no te darán el ascenso. Todo lo que haces en la empresa debe estarte preparando para una promoción. Hay que estar consciente de tus esfuerzos, tu comportamiento y si haces quedar bien a tu jefe. Es esencial que el momento sea el correcto, considera en qué posición está la empresa y quién más puede buscar que lo promuevan, porque compites por el mismo presupuesto. Consigue una perspectiva clara del panorama antes de tomar este camino. El mejor momento para un ascenso es dos o tres meses antes del periodo de revisión anual de tu compañía. No esperes a que inicie el proceso de revisión porque ahí es cuando todos los demás (que no leyeron este libro) pedirán que los promuevan. Debes adelantarte.

CAPÍTULO OCHO

Sobrevive a las personas y a la política de oficina

Luego del fracaso de mi primer intento en la vida por conseguir un ascenso, decidí que no tenía otra opción que seguir esforzándome. Regresé a hacer mi trabajo y traté de enterrar mi decepción. Sabía que enfurruñarme no era productivo y tampoco iba a mejorar la situación.

Una tarde, el equipo estaba preparando una página de la revista llamada "Selección del editor", en la que se invitaba a cada uno a elegir su "accesorio del momento" y a incluir una frase sobre por qué le gustaba. La cita llevaría créditos, su nombre y su cargo en la revista. En mi posición de asistente, no era usual que me pidieran contribuir en una página así. Por eso, cuando Lily, nuestra directora de moda, me pidió elegir mis zapatos favoritos, casi dije: "¡¿Estás segura?!" Estaba en *shock* y muy emocionada al mismo tiempo. Tal vez, a pesar de que no me dieron un ascenso, estaba subiendo, al menos ante los ojos de algunas personas del equipo.

Elegí mis sandalias favoritas, unas Manolo Blahnik de correas doradas. Luego pensé con emoción en la frase que iría en la página junto a mi foto: "Los metálicos están de moda". Estaba orgullosa.

Unas semanas después, cuando la página circulaba en el departamento para revisión de la información, me llamaron a la oficina de Heather. Estaba FURIOSA. Yo estaba muy confundida y asustada porque no tenía idea de qué había hecho. Me acusó de promoverme yo sola y de cambiar el título de mi puesto. ¿¿EHH?? Se me fue el alma al piso. Me enseñó la página de la Selección del editor y ahí estaba mi elección de zapatos junto a mi pequeña frase, mi nombre y mi puesto de editora asistente de accesorios. Seguía sin entender. ¿Qué estaba mal?

—Heather, discúlpame, pero no sé cuál es el problema con la página —dije de modo inocente.

——Aliza, lee tu cargo en voz alta —dijo muy seria.

—Dice "editora asistente de accesorios" —leí con cautela.

—Bueno, ¡ese NO es tu cargo! ¡¡¿¿Cómo te atreves a ascenderte tú misma cuando fui MUY clara en que NO TE IBA A PROMOVER??!!

Me quedé estupefacta. ¿¿EN SERIO?? No podía creer lo que oía.

—Heather, nunca, jamás me promovería sola. Respeto tu decisión por completo —respondí—. Es sólo que editora asistente de accesorios es el nombre de mi puesto. Eso está escrito en mi tarjeta de presentación.

—¡Pues tal vez imprimiste tus propias tarjetas de presentación! ¡En lo que a mí respecta, bien puedes estar tratando de tomar mi puesto o incluso toda la revista! —gritó Heather.

¡Debo aclarar que yo tenía veintitrés años! No podía comprender siquiera esta conversación. ¡Era tan injusta e irracional! Pero algunas veces, cuando estoy en *shock*, tengo una sensación extracorpórea extraña en la que me vuelvo insensible a la situación y no tengo miedo. Respondí con calma y de manera respetuosa:

—Heather, ni en mis sueños me sentiría tan calificada como tú. En cuanto al nombre del cargo, en este momento con gusto llamo a recursos humanos para que confirmen que mi puesto es en verdad *editora asistente de accesorios*. Creo que es un malentendido y lamento mucho que te haya molestado tanto.

Pero ella no quería escucharme. Me indicó que saliera con un gruñido y movimiento de la mano.

A partir de ese día tuve algo muy claro sobre el mundo de la moda: entre más alto estés, mayor puede ser la caída de tu ego. La inseguridad es la madre de todos los males y siempre hay alguien con quien nunca quedas bien.

Cuando salí de su oficina fui directo al baño. Conforme pasaba frente a los escritorios de los demás, traté de no mirar a nadie para no soltarme a llorar. "¿Cómo puede ser que esté sucediendo esto? ¿Qué hice para que Heather me odie tanto?" Me encerré en un baño y traté de razonar conmigo misma. "¿Podría haber actuado de otra manera? Espera. Ése es el nombre de mi puesto, ¿no?" Comencé a entrar en pánico pensando que tal vez me había equivocado. Salí rápido del baño y regresé a mi escritorio de la forma más discreta posible. Cuando me senté, abrí mi gaveta y saqué una tarjeta de presentación. Y ahí decía, en negritas: **Editora asistente de accesorios**. Heather estaba loca de remate, pero eso no importaba, era la jefa, y su opinión la única válida. En ese momento, decidí comportarme lo mejor posible. No es que no lo hubiera hecho antes, pero ahora era el momento de salir del radar por completo.

Conforme pasaron las siguientes semanas, me aseguré de hacer mi trabajo y ser discreta. Cuando estaba en presencia de Heather, actuaba seria y reservada en lugar de sacar mi personalidad normal y alegre. Debía mostrarle que sabía cuál era mi lugar y no pensara que me creía editora de altos vuelos. También me aseguré de evitarla siempre que fuera posible.

Un día, su asistente vino a mi escritorio a decirme que Heather necesitaba darle un regalo a la editora de la revista pero no quería comprarlo. Prefería que uno de los diseñadores le regalara algo que, a su vez, ella pudiera darle a la editora. Quería una cartera de noche o algo así, y aparentemente yo debía conseguirla. No estaba muy contenta con la tarea. Primero, porque pensé era de mal gusto que no le comprara algo con el salario que tenía, y segundo, porque me sentí incómoda de hacer su trabajo sucio. Pero no tenía opción. El lado bueno era que a lo mejor, si hacía bien la tarea... ¡ella tendría una mejor opinión de mí!

Llamé a varios diseñadores para ver si estaban dispuestos a tener la amabilidad de enviarle una muestra a Heather. En efecto, Bottega Veneta aceptó donar una de sus famosas carteras tejidas. ¡Lo conseguí! Resolví la tarea con tres llamadas y estaba muy emocionada de mostrarle a Heather lo rápida que había sido. Muy orgullosa, fui a verla con las dos carteras de satín tejido que me ofrecieron como opciones. Se suponía que Heather escogería el color que más le gustara y yo regresaría la otra. Bueno, pues no llegué tan lejos.

—¡¿Tejidas?! ¡¿Me conseguiste carteras tejidas?! ¡Le di una bolsa tejida EL AÑO PASADO! —gritó.

—Lo siento, Heather, no tenía idea. Puedo regresarlas y conseguir otras —le contesté.

—Le dije a Jeremy que te lo dijera —replicó. Su asistente, apareció de inmediato.

—Aliza, ¿no viste ese *email*? —preguntó Jeremy.

—No, discúlpame, no recuerdo ningún *email* que especificara el tipo de bolsa —le respondí.

—Bueno, pues te lo envié —replicó Jeremy tajante. Me quedé pasmada. Le había fallado a Heather otra vez.

Regresé a mi escritorio sintiéndome marcada. ¿Cómo pude haber hecho esto? Rápido revisé mi *email* y no encontré ninguno de Jeremy. Luego revisé la carpeta de basura. Nada. Regresé a su escritorio.

—Jeremy, estoy segura de que no tengo ningún *email* tuyo —le dije.

—Ya sé. Olvidé mandártelo —dijo con una sonrisa, luego se levantó y se fue. Estaba en completo estado de *shock*.

En ese momento, mis ojos estaban llenos de lágrimas. Por supuesto, prefería morirme antes de que viera que me había afectado pero, por Dios, vaya que sí lo había hecho. Me di cuenta de que Jeremy había tenido que decidir entre salvarse o salvarme a mí, y eligió lanzarme por la borda.

Pero supe que hasta ahí iba a llegar. Me había aguantado durante mucho tiempo y sabía que no importaba lo duro que trabajara, nunca iba llegar a ningún lado con Heather. Era tiempo de buscar otro trabajo. Era una lástima porque, fuera de ella, me encantaba trabajar en *Atelier*. Además de hacer un gran grupo de amigos, en general me había ido bien en mi puesto, al menos en opinión de Elizabeth. Pero Heather era como una barricada, y me di cuenta de que no había nada que pudiera cambiar su percepción sobre mí.

¡Hazlo! Conoce a los jugadores

Si hubiera tenido más experiencia, habría podido manejar a Heather de otra forma. En retrospectiva, tal vez mostrarme más reservada desde el principio habría calmado su ego. Quería intimidarme. En su cabeza, yo debía pagar derecho de piso. Y tampoco se me ocurrió que algunas personas estuvieran interesadas en que yo no tuviera éxito, en especial porque Elizabeth me apoyaba por completo. Se llama política de oficina, y es un juego sucio.

Aunque es importante tener confianza en ti mismo, es crucial que sepas con quién estás lidiando. Si vas a jugar, debes saber quién va a disparar la primera bala.

Los malos en el juego de la política de oficina pueden resumirse en muchos personajes icónicos con los que crecí. Estas personas existen en todos los equipos, en todo tipo de industria, en todo el mundo. Conoce bien a tus colegas antes de que sea tarde.

1. Maggie Simpson: El típico bebé. Es la persona de tu oficina que se queja todo el tiempo, siempre necesita ayuda y es hipersensible. Lo mejor es nunca bromear o poner a prueba tu humor sarcástico con Maggie. Irá llorando a buscar a su mamá, alias tu jefe.

2. Mr. T: El colega súper agresivo que domina con el abuso. Mr. T quiere intimidarte, así que si quieres una existencia pacífica en la oficina considera pasar inadvertido en su presencia.

3. She-Ra, la princesa del poder: En el vocabulario de esta persona sólo existe el "yo". Si te toca estar en el equipo de She-Ra, debes asumir que ella tratará de llevarse todo el crédito de cualquier cosa que el equipo haga. Toma tus precauciones por anticipado y cúbrete las espaldas con tu jefe poniendo todo por escrito. Un encuadre de responsabilidades también le dejará claro a tu jefe quién maneja cada cosa.

4. Batman: La persona que cambia dependiendo con quién se encuentra. Es el tipo que dirá *sí* en tu cara y, cuando le des la espalda, dirá a los demás que te dijo *no*. Ten cuidado y pide las cosas por escrito.

5. El Guasón: El bocón que piensa que gritar es una forma de comunicación aceptable. Todas las oficinas tienen un Guasón. Cuando lidies con él es mejor no involucrarte en su drama y permanecer tranquilo y ecuánime. Nunca rebajes tus estándares de profesionalismo a su nivel.

6. Señor Cara de Papa: Cabeza enorme, ego enorme. Sólo hay una opinión que vale y ya puedes adivinar cuál es. Con el Señor Cara de Papa es mejor no competir por los reflectores de manera evidente. Si no le pareces una amenaza, estás mucho mejor.

7. Barbie Malibú: La persona que cree que "trabajo" es lo que otros hacen. No te gustará trabajar con Barbie porque no levantará ni un dedo. Si te la encuentras en tu equipo, asegúrate de que tus responsabilidades estén bien definidas. Así, cuando ella no cumpla con su trabajo, no te echarán la culpa.

8. Ken: La persona que sale adelante sólo por su apariencia. Ah, el buen Ken, él será ascendido y tendrá un puesto importante porque tiene "la imagen adecuada"

y sabe jugar sus cartas. Las personas de este tipo tienen suerte y se las arreglan bien por razones banales. No es justo, pero la vida tampoco. Los demás debemos trabajar más duro. Ni modo.

9. Señor Júpiter: El jefe que es pura pose, tiene un puesto rimbombante y en realidad no hace NADA. Puede que el Señor Júpiter sea el jefe más fastidioso porque tú sabes cómo es en realidad, pero sus pares no. Todos trabajamos para un Señor Júpiter en algún momento y es importante asegurarte de que las personas que tienen el poder real sepan lo que vales y lo que haces. Eso puede lograrse si te encargas de que cualquier reporte que generes lleve al final un mensaje estratégico: "Si alguien tiene preguntas o comentarios, favor de contactar a [tu nombre]".

10. Gargamel: La persona que se roba las ideas de otros y las presenta como propias. Gargamel es uno de los personajes más desagradables que hay porque tiene malas intenciones. Para combatirlo, pon todas tus ideas por escrito y no olvides copiar a tu jefe y al país entero, ya que estás en ésas.

11. Cruella de Vil: La persona cuyo objetivo es avanzar inventando y difundiendo chismes sobre los compañeros de trabajo. Cruella es la peor delincuente y la única manera de defenderte es: *a*) mantenerte lejos de ella, y *b*) no darle pretexto para que hable de ti. Cuida tu reputación y, por cierto, ¡tampoco hables mal de ella!

12. Óscar el gruñón: El meganegativo que todos los días piensa que el mundo (o al menos la empresa) se va a acabar. No dejes que Óscar te desanime. Tratará de arrastrarte a su mundo negro y tormentoso y comenzarás a preguntarte por qué trabajas en esa empresa.

Pero no permitas que te afecte. La negatividad es su problema, no el tuyo.

13. Tontín: El despistado que no pierde la cabeza porque la trae puesta. Esta persona es tan distraída que apenas logra vestirse en la mañana. Es probable que haya conseguido el trabajo porque su mamá tiene muchos contactos o su papá es dueño de algún equipo de futbol. Ya sabes cómo son esas personas. Por lo general no es una amenaza. Sólo ignóralo y alégrate de que tienes muchas más neuronas que él.

Las habilidades que perfecciones son la mitad de la receta para triunfar. Necesitas mucho más que talento para sobrevivir a la gente y a la política de oficina. Para tener éxito verdadero, también necesitas ser un maestro de la naturaleza humana. En pocas palabras: si no puedes aprender cómo trabajar con todos los tipos de personas, en realidad no importa qué tan BUENO seas en lo que haces.

Así comenzó mi búsqueda secreta de empleo. El primer trabajo del que me enteré fue una vacante de editor de accesorios en *Muse,* que no era una revista que me llamara mucho la atención, pero la idea de ser una verdadera editora era tentadora. Tenía un amigo de relaciones públicas que averiguó por mí si la directora de moda estaría interesada en tener una reunión conmigo. Me emocionó saber que sí. Y todavía estaba más emocionada cuando supe que antes de reunirse conmigo, quería que armara unos *inspiration boards* (tableros de inspiración) para una historia que estaban planeando fotografiar. Me encantan los buenos proyectos creativos y tenía la esperanza de que se notara mi buen ojo para la moda.

Cuando trabajas en una revista, la historia de cada sesión fotográfica se planea de manera visual antes de hacer los llamados de los productos reales. Esto se llama "hacer el tablero". Antes, se hacía de corcho y el editor pegaba las cosas que visualizaba para la historia. Pero era un poco tedioso. Verán, cuando los fotógrafos registran los desfiles de modas, sus negativos se convierten en esas cosas llamadas "diapositivas". Las revistas tienen cajas y cajas de diapositivas, en cada una se guarda y representa la colección de un diseñador. Cuando se hace un tablero, se toman las diapositivas y se convierten en fotos que se pegan con una tachuela.

Como los editores en general son muy específicos, cada uno tiene sus preferencias sobre cómo hacer sus tableros, incluso cómo debe convertirse la diapositiva en foto. Para la mayoría, es esencial ver la cabeza de la modelo en la fotografía, porque les recuerda quién portó ese *look* en la pasarela (bajo la idea de que las mejores modelos tienen los mejores *looks*). Pero la máquina que convierte las diapositivas no es un artefacto fácil de manejar y muchas veces terminas cortando un pedazo de la cabeza de la modelo por accidente. Si eso sucede, tienes que volver a empezar. Si por error pegas una foto de una modelo con la cabeza aunque sea un poco incompleta, eres hombre muerto, para acabar pronto. Así son las cosas.

Sabía que, para mi tablero de *Muse*, tendría que hacer este trabajo a la perfección. Era probable que lo repitiera varias veces, así que pedí prestada la máquina de un amigo fotógrafo para hacer el trabajo en mi casa y concentrarme bien. En muchos casos repetí una foto varias veces sólo para lograr que el borde de su cabeza quedara bien. Para las tomas de los accesorios, usé mis tijeritas de uñas para recortarlas con precisión. Ya sabes, es como cuando te empeñas en algo y sabes sin lugar a dudas que hiciste un gran trabajo. Tenía claro que debía quedar increíble. Estaba muy emocionada de mostrar mi trabajo a la directora de moda. Ya quería que llegara la entrevista.

Ese día, cargué mis tableros (había hecho dos) como bebés recién nacidos en una bolsa grande, teniendo cuidado de no doblarlos ni arrugar las fotos. Llegué a las oficinas de *Muse* quince minutos antes. Es mejor que tú los esperes a hacerlos esperar. Se suponía que mi entrevista era a las 12:00 p.m. Recuerden que entonces no había *smartphones* para entretenerse jugando, así que mientras esperaba en la recepción a que la directora de moda me llamara, me senté y miré mis uñas rojas. Cerca de las 12:20 p.m., eché un vistazo a mi reloj y no podía creer lo tarde que era. No podía darme el lujo de pasar tanto tiempo fuera de mi oficina real. Comenzaba a ponerme nerviosa de que alguien en *Atelier* se estuviera preguntando dónde estaba. Sé que algunas veces la gente te hace esperar a propósito para decirte: "¡Mira qué ocupada y qué importante soy!" Para las 12:45 p.m., comencé a tener el presentimiento de que la directora de moda era una de esas personas.

A la 1:00 p.m. en punto, su asistente vino a la recepción y me pidió que la acompañara. Perfecto, había desperdiciado una hora y quince minutos de mi vida que nunca iba a recuperar. La asistente era una chica callada que parecía muy nerviosa e inquieta.

—¿Día ocupado? —pregunté.

La asistente me miró con la mirada vacía y dijo:

—No.

"Fantástico. Esto va a ser divertido", pensé. (*S)

La asistente me llevó a otro cuarto que no parecía una oficina. La directora de moda no estaba a la vista.

—¿Debo esperar aquí? —pregunté.

—Sí, ella vendrá pronto —me contestó.

¿Otra espera? ¿Es en serio? Estaba claro que mi tiempo no significaba nada para la directora. Y además, tenía muchas ganas de demostrarme lo importante que era y lo ocupada que estaba.

A la 1:15 p.m., entró la directora de moda. Debía medir 1.77 descalza y los tacones le añadían otros 10 cm. Su cabello castaño relamido colgaba a la altura de sus hombros y sus labios rara vez formaban una sonrisa. Ni siquiera había abierto la boca y ya me estaba asustando.

—Hola, Alessandra, encantada de conocerte —dije en tono amable mientras alargaba mi mano para saludarla.

—¿Trajiste tus tableros? —me respondió seca, con sus ojos verdes penetrantes clavados en los míos. Gulp.

Con cuidado saqué los tableros de mi bolsa y la vi mirándome como si dijera: "¿Por qué tardas tanto?" Ella me hizo esperar una hora y quince minutos y ya estaba carrereándome en los primeros dos minutos de nuestra reunión. Mi emoción por presentar mis tableros muy rápido se estaba convirtiendo en terror. Saqué los tableros y los puse sobre la mesa para que los revisara. Cuando comencé a explicar mi visión para las historias, me interrumpió.

—Cortaste las cabezas de algunas modelos. Eso no es aceptable aquí.

¡¿QUEEEÉ?! Las cabezas de mis modelos estaban perfectas.

—Discúlpame, Alessandra, no sé a qué te refieres. ¿Me podrías mostrar un ejemplo? —le pregunté me manera respetuosa.

—¿Dices que veo cosas que no están ahí? —exclamó.

—No, para nada. Sólo me preguntaba dónde ves una cabeza mal cortada porque para mí todas se ven completas —le respondí con cuidado.

—Bueno, no lo señalaré. Si no puedes verlo, entonces es obvio que no eres la persona correcta para el puesto —dijo ella.

Y así terminó la entrevista. Estaba atónita y me quedé sin palabras. Antes de que pudiera decir "gracias por tomarte el tiempo de reunirte conmigo" ya se había ido (sí, incluso cuando me había despreciado de esa manera, de todos modos intenté demostrar buenos modales). La asistente entró en la sala con cara de que ya sabía, como si hubiera visto lo mismo muchas veces.

—¿Siempre es así de dura? —le pregunté.

Me miró con la expresión en blanco y dijo:

—No sé de qué hablas.

Vi a Alessandra mirándonos a la distancia.

Regresé a mi oficina muy asombrada. En primera, ya era tardísimo. No tenía idea de qué me esperaba. En segunda, ¡Dios mío, qué pesadilla! Ni hablar de todo el trabajo y empeño que le había dedicado a esos tableros, nunca podría trabajar para una persona como ella. ¿Cómo era posible que existiera otra Heather? No podía creerlo y me entristeció mucho. ¿Iba a pasar lo mismo en cada revista? En verdad esperaba que no. ¡Necesitaba encontrar otra jefa como Elizabeth o como Dean lo antes posible!

Cuando regresé a mi oficina, todo estaba tranquilo y marchando como siempre. Por fortuna, nadie preguntó por mí. Cuando me senté frente a mi computadora, mi primera idea fue escribir una nota de agradecimiento, pero decidí esperar hasta que estuviera en mi casa para pensarla mejor. ¿Gracias por hacerme esperar años? ¿Gracias por estar loca? No podía creer que tuviera que agradecerle algo a una persona así de horrible. Pero decidí que no iba a bajar mis estándares sólo porque los de ella se fueron por el caño. Esa noche hice este borrador:

De: Aliza Bernfeld
Para: Alessandra Rossi
Asunto: Gracias

Estimada Alessandra:
Muchas gracias por tomarte el tiempo de reunirte conmigo hoy. En verdad disfruté armar esos tableros para presentártelos y creo que mi visión para las sesiones de fotografía reflejan el estilo de la chica *Muse*. Siento que discrepáramos en cuanto a la forma en que corté las cabezas de las modelos; me esforcé en hacerlo de la manera más pulcra posible. Espero consideres mi punto de vista de la moda ejemplificada con la selección de productos que hice. Seguramente eso hace un gran editor de moda como tú.
Atentamente,
Aliza Bernfeld

QUÉ ASCO. TONTERÍAS. BLA, BLA, BLA. ¿Pero saben qué? Me hizo sentir bien. Un poco de lambisconería puede ser necesaria para que reconsidere y me haga una oferta de trabajo que no puedo RECHAZAR.

Conocer a personas como Alessandra siempre ayuda a abrir los ojos. Hay gente en el mundo que sólo se preocupa por sí misma, por su estatus y su posición. Es desafortunado que la inseguridad circule desenfrenada en todas las industrias. Muchas veces es porque las personas han fracasado. Por un lado, tu objetivo en una entrevista es impresionar y compartir las razones por las que tú serías un buen apoyo para la compañía. Por otro lado, quizá te topes con alguien como Alessandra, que no puede soportar la idea de tener a alguien con talento fresco en su equipo. Por esta razón, aunque las entrevistas son una oportunidad para que los empleadores vean si quieren contratarte, también es importante que tú consideres si en verdad quieres trabajar para ellos. Yo nunca podría trabajar para alguien que no quiere que tengas confianza y talento. Darme cuenta de eso resultó mejor. **CONSEJO: Nunca te hagas el tonto para conseguir un trabajo.** Si lo haces, jamás desarrollarás tu potencial al máximo.

Unas pocas semanas después, me encontré a un editor *junior* de *Muse* que había renunciado porque al parecer alguien perforó las cabezas de sus tableros cuando se levantó de su escritorio. Era un misterio en la oficina… ¡y no descubrieron quién haría una locura así! Qué gracioso, yo sabía quién era el culpable. Platicamos unos minutos y luego le pregunté:

—Y al final, ¿descubrieron quién hizo los hoyos en tus tableros?

—Nunca pude probar quién lo hizo, pero tengo la sospecha de que fue Alessandra —dijo él.

¡Ajá!

—¡¿Por qué querría ella sabotearte?! —le pregunté.

—Porque no le gusta que otras personas sobresalgan y me iba muy bien en la oficina. El director editorial estaba trabajando conmigo de manera directa en lugar de hacerlo con ella, porque yo sí trabajaba y resolvía las cosas, a diferencia de ella.

Sí, todo tenía sentido. Yo no estaba loca. La situación era exactamente como la había imaginado.

Ese editor *junior* no debió renunciar, sino ir a la oficina del director editorial a poner todas las cartas sobre la mesa. Me molesta mucho que abusen de la gente de manera injusta, y como parecía que el editor *junior* tenía una buena relación con el director editorial, era probable que una reunión diera buenos resultados. Pero algunas personas no pueden lidiar con las confrontaciones y prefieren evitarse situaciones semejantes. Algo que he aprendido es que los dramas en la oficina son constantes. No importa de qué industria se trate, siempre habrá una Alessandra o un Alessandro esperándote. Si dejas que las personas se interpongan en tu camino, no te darás la oportunidad de tener éxito. **CONSEJO: Ve curtiéndote.**

La meta siempre debe ser aprender a trabajar con los resentidos. Sin embargo, algunas veces no hay más remedio que delatar su mal comportamiento. Pero antes de que vayas por ahí acusando a alguien, necesitas asegurarte de tener todas las pruebas. Ser el soplón es riesgoso, así que tu trabajo de investigación debe estar a la altura de Olivia Pope. Delatar a un malhechor puede ser un arma de doble filo, pero al menos inténtalo. El editor *junior* renunció a un buen empleo aunque la persona más importante en la oficina, el director editorial, lo apreciaba. Debió pelear, porque, si no te defiendes, nadie lo hará por ti.

Tómate una selfie:
¿Trabajas para una Regina George?

Hay que aclarar que no son sólo las mujeres. Miren por ejemplo a Jeremy de *Atelier*. He visto a muchos hombres comportarse igual, pero *Chicas pesadas* fue una gran película, ¿o no?

¿Cómo saber si tienes un jefe que al principio parece profesional pero en realidad quiere hacerte pedazos?

1. Te dice que no hables a menos que se dirijan a ti, bajo el argumento de "protegerte" de los tiburones en la reunión. Pero después de la junta te pregunta por qué estuviste muy callada.

2. Se guarda pedazos de información clave que necesitas para hacer el proyecto que te asignaron. Por ejemplo, te pide una lista de los programas de TV más populares, pero no te dice "sólo los que sean de adolescentes". Luego, cuando entregas tu lista te dice: "¿Por qué hay programas de cuarentones aquí?"

3. Nunca te da crédito por tus ideas y las presenta como propias. Es un caso complicado porque es normal que tu trabajo sea generar ideas para tu jefe. Pero al mismo tiempo, dejarte brillar de vez en cuando es un gesto amable.

4. Nunca te deja asistir a las juntas importantes a las que tus pares sí están invitados y te pide que no le escribas de forma directa a los ejecutivos.

5. Siempre encuentra algo malo en el trabajo que hiciste, cuando tú sabes que cumpliste con lo que pidió.

6. Te pide que hagas tareas triviales, innecesarias. Por ejemplo, separar los clips por color. Sí, sucede.

7. Te pide la contraseña de tu *email* y de tu contestadora en caso de que lo necesite si faltas por enfermedad. (¡¡¡Espía!!!)

8. Te grita por cosas ridículas, como que compraste las ligas equivocadas. ¡¡¡Ella quería las delgaditas, no las gruesas!!!

9. Se enoja contigo cuando te reportas enferma, como si pudieras controlar tu enfermedad.

10. Te acusa de quererle robar el puesto.

Cada oficina y cada industria tienen su política, y no importa en qué negocio te encuentres, siempre habrá gente que intente avanzar mediante tácticas cuestionables. Heather y Alessandra usaron el mismo tipo de sabotaje irracional para hacerme tropezar. Con Heather, el asunto fue el nombre de mi puesto (y es probable que mi confianza también le molestara). Y con Alessandra, las invisibles cabezas mal cortadas. Pero en el caso de Jeremy, él sólo trató de salvar su pellejo, echándome la culpa del error que cometió. Pero prepárate, porque hay otro tipo de jugador en la oficina, y éste puede ser el más terrible de todos.

Si eres normal, si no has perdido la razón, a veces es difícil entender cómo alguien no lo es. Yo siempre tiendo a creer que las personas son iguales a mí, así que rara vez me detengo a buscar pruebas concluyentes de su locura. Pero con el paso de los años, he oído algunas historias increíbles, donde los protagonistas son personas que dan miedo porque su locura no es evidente de manera inmediata. De hecho, son tan buenos en su tipo de locura engañosa que algunas veces piensas que no son ellos, sino tú. Podríamos decir que esas personas son del tipo "Talentoso Señor Ripley".

En una revista con muy buena reputación, un hombre llamado Charles fue contratado para liderar las ventas de publicidad. Era guapo, alto, impecable y actuaba muy bien como tipo creativo-*fashion*. Cuando entraba a una sala, la gente lo notaba. Charles también era muy amigable y se mostraba dispuesto a colaborar, lo que equilibraba su aparente perfección, que podría bastar para que cualquiera le guardara rencor.

Zoe era una colega de Charles, editora en la misma revista. En el negocio de las revistas, el ámbito editorial y el de publicidad son un poco como la Iglesia y el Estado, o sea separados. Zoe y Charles trabajaban juntos, por supuesto, pero no de forma regular. Sin embargo, su interacción limitada era muy agradable. A Zoe y a su equipo, Charles les caía muy bien. Hasta cierto día, cuando Charles le dejó a Zoe este mensaje en su contestadora: "Zoe, necesito hablar contigo sobre Amanda. Hay un problema".

"Wow —pensó Zoe— ¿Amanda?" Amanda había estado en su equipo casi tres años y a todos les encantaba trabajar con ella. De hecho, Charles era el primero en tener algún problema con ella. Zoe estaba disgustada de enterarse de esto en particular porque preparaban a Amanda para crecer en la empresa.

Zoe le regresó la llamada.

—Hola, Charles, soy Zoe, ¿qué pasó con Amanda?

—Zoe, lamento ser quien te diga esto, pero fue muy grosera con Paul. Casi le cortó la cabeza cuando le dijo que no tenía listo el reporte del análisis de publicidad que necesitaba para su junta editorial.

—¡¿De verdad?! —dijo Zoe—. Eso no suena a Amanda. Pero hablaré con ella de inmediato.

Zoe colgó el teléfono sin creerlo. Parecía ilógico, pero Charles no tenía razones para mentir. Zoe llamó a Amanda a su oficina y le pidió que tomara asiento.

—Amanda, ¿qué pasó con Paul? —le preguntó.

—¿Con Paul?, nada —dijo.

—¿Te entregó el reporte que necesitabas para la reunión? —insistió Zoe.

—No —dijo—. Pero fue algo de último minuto y no tuvo tiempo para armarlo.

Zoe no estaba llegando a nada, pero no quería delatar al testigo.

—¿Se te ocurre alguna razón para que Paul esté molesto contigo? —preguntó Zoe.

—No —replicó Amanda un poco sorprendida.

Zoe le agradeció a Amanda, le dijo que podía retirarse y que cerrara la puerta al salir para hablar directamete con Paul.

—Paul, soy Zoe. Solo quería entender qué pasó entre tú y Amanda.

—No estoy seguro de qué hablas —respondió Paul.

—¿No estás enojado con Amanda? ¿No fue grosera contigo? —preguntó Zoe incrédula.

—¿Amanda? No, nos llevamos muy bien —replicó Paul.

"Exacto". Eso pensaba Zoe, así que ¿de qué demonios hablaba Charles?

Zoe le dijo a Paul lo que Chales le había contado y él no podía creerlo, Zoe estaba fuera de sí. ¡¿Charles había mentido?! ¿De forma deliberada para armar un problema? ¿Qué persona que no estuviera actuando en una telenovela haría algo así? En ese momento, Zoe se dio cuenta de que no estaba tratando con una persona normal. Decidió confrontar a Charles con su mentira.

—Hola, Charles, quería mantenerte al tanto de mi conversación con Amanda y Paul —dijo Zoe cuando llamó a Charles.

—¡¿Hablaste con Paul?! —exclamó Charles incrédulo.

—Pues sí, digo, lo planteaste como si Paul estuviera muy muy molesto, así que por supuesto tenía que hablar con él —respondió Zoe—. Lo gracioso (*S) es que Paul no sabía de qué le estaba hablando.

—Pues eso es una locura —replicó Charles. —Él estaba muy disgustado.

—No, de hecho no tenía idea de qué le hablaba —contestó Zoe—. Así que la pregunta es, ¿de dónde diablos sacaste este cuento?

Ahí fue cuando Charles perdió los estribos y comenzó a gritar y a repetir que cómo se atrevía Zoe a acusarlo de mentir, etcétera. Zoe nada más se sentó al teléfono en silencio y esperó a que Charles terminara. Cuando lo hizo, o al menos se detuvo a tomar aire, Zoe le dijo muy tranquila:

—Creo que no estamos de acuerdo en lo que sucedió. Tengo que irme a una reunión. Adiós.

A partir de ese día, Zoe juró no volver a hablar con Charles por teléfono y le aconsejó a todo su equipo que hicieran lo mismo. Charles era un mentiroso y un alborotador y no se podía confiar en él. Así que cada vez que le llamaba a alguno de ellos, dejaban que entrara la contestadora y luego le enviaban un *email* diciendo: "Recibí tu mensaje. Salí a una cita. ¿Qué pasó?" Zoe imprimía todos los *emails* y los ponía en el folder titulado "Charles". Es increíble que llegara a esos extremos para lidiar con él, pero Charles era peligroso. Tener un registro en papel era la única solución.

Un día, Aubrey, una chica de una agencia reconocida de RP que representa una marca de lentes, llamó a Zoe para decirle que "los lentes que quería para su sesión de fotos" estaban listos para que los recogiera. Zoe estaba confundida. ¿Cuáles lentes y cuál sesión? Así que, en tono casual, le mencionó a Aubrey que no sabía a qué se refería. Aubrey respondió:

—Ya sabes, los que Charles solicitó.

"¡¿Queeeeé?!", pensó Zoe entrando en pánico. Charles no hablaba con las agencias de relaciones públicas, él estaba en el lado de negocios. Pero además de eso, Charles se estaba sobrepasando con relaciones que a Zoe le había tomado años construir. Si por cualquier razón Charles necesitaba lentes, el protocolo normal hubiera sido que le pidiera a Zoe solicitarlos. Zoe le pidió a Aubrey que le mandara cualquier correspondencia por *email* que tuviera entre ella y Charles. Después de leer la conversación, estaba claro que Charles había rebasado los límites (incluso al extremo de decir que Zoe quería que él se pusiera en contacto).

Zoe nunca se había enfrentado a una situación como ésta. O Charles quería su puesto o que la despidieran por no hacer su trabajo. El punto era que necesitaba encargarse del asunto. Así que Zoe le envió un *email* a Charles, le preguntó por qué había solicitado el producto él mismo, sin hablar con ella y de qué trataba la supuesta sesión de fotos:

De: Zoe Fitzpatrick
Para: Charles Williams
Asunto: ¿Lentes para una sesión?

Querido Charles:
Recibí una llamada de Aubrey hoy y me dijo que los lentes que pediste a mi nombre para una sesión de fotos están listos para que los recoja. Como no sé nada de esta solicitud, ¿puedes explicarme de qué se trata?

De: Charles Williams
Para: Zoe Fitzpatrick
Asunto: Re: ¿Lentes para una sesión?

Querida Zoe:
Todo es un malentendido. Estaba en una cena con Aubrey porque ya sabes que somos viejos amigos. Por casualidad mencioné una sesión y ella sugirió que nos enviaría los lentes. ¡Fue idea suya y no fue nada importante!

Charles

El asunto era que Zoe tenía el *email* que Charles había enviado donde decía muy claro "Zoe me pidió que solicitara" y "para su sesión de fotos". Ya había habido muchas verdades a medias y muchas mentiras completas en los meses anteriores y Zoe no podía creer lo tonto que fue Charles al negar lo que Aubrey había escrito por *email*. Parecía que Charles suponía que Zoe no se molestaría en verificar. Ni modo, Charlie.

Zoe habló a recursos humanos para agendar una cita y discutir la situación, y pidió que invitaran a Charles. El fólder de "Charles" ya había crecido mucho para ese momento. Los papeles iban escondidos en la bolsa de Zoe, así que Charles no sabía lo que le esperaba.

La estrategia de Zoe en las reuniones donde habría una confrontación era mantenerse siempre tranquila y profesional, porque nada enfurece más a la gente que alguien a quien no pueden hacer enojar. Así que Zoe comenzó la reunión diciendo que quería asentar en el registro las diferencias entre su trabajo y el de Charles para establecer mejor (o reestablecer) las responsabilidades de Zoe y las de él. Luego preguntó a Charles por qué había contactado a Aubrey, aunque ya sabía cuál era su pretexto.

De inmediato, Charles se defendió y despotricó enojado. Comenzó con la mentira que ya le había contado a Zoe sobre la cena con Aubrey. Y PORQUÉ le preguntaba algo que ya habían discutido, pues ella le preguntaba para que Charles pudiera mentir frente a recursos humanos.

Ahí fue cuando Zoe levantó su bolsa grande y pesada del suelo y sacó los *emails* impresos. Luego miró a Charles muy tranquila y dijo:

—¿Revisamos esta pila para encontrar el *email* que le enviaste a Aubrey? De hecho, creo que lo tengo hasta arriba. No había nada que Charles pudiera decir sobre cualquier cosa que Zoe no pudiera negar. Era momento de ir por el jaque mate.

—Charles, empiezo a tener la sensación de que quieres mi puesto. ¿Te gustaría tenerlo? —demandó Zoe.

Entonces Charles soltó la sopa:

– Si quisiera tu empleo, ¡podría tenerlo! Haría un mejor trabajo que tú y tengo contactos que harían cosas increíbles por esta revista—. Zoe no tuvo que decir nada más porque ahí fue donde intervino recursos humanos. Había límites para cada puesto y Charles no podía contactar a su "amiga de la agencia de relaciones públicas" para pedir accesorios para una sesión falsa, así como Zoe no podía hablar a una compañía para tratar de venderles espacios de publicidad.

La misión de Zoe estaba cumplida. Había expuesto el lado psicótico de Charles y se sentía mucho mejor ahora que no era la única persona que sabía cómo era en realidad. En la vida, hay personas que cavan su propia tumba, y Charles lo hizo. Pero no se sientan mal por Charles, el Talentoso Señor Ripley siempre sigue adelante para buscar otra presa. Y así continuó en su empeño, esta vez cambiándose a una compañía donde nadie sabía aún que era un sociópata.

¡Hazlo! Aprende a trabajar
con el Talentoso Señor Ripley

1. Cúbrete las espaldas. Este tipo de compañero de trabajo siempre tratará de encontrar una manera de señalarte en algún momento. No olvides tener tus bases protegidas y tus antecedentes impecables. No querrás darle armas en tu contra.

2. Mantén el decoro. Por muy difícil que sea, muérdete la lengua y conserva la calma. Sé respetuoso y profesional en todo momento, incluso cuando te empuje a perder los estribos. Recuerda que él quiere sacarte de tus casillas.

3. Asegúrate de que toda comunicación entre ustedes esté por escrito. Quiero decir ¡toda! Actúa como si el teléfono no existiera.

4. Mantén registros. Si las cosas se ponen feas, tu memoria fallará, por eso es necesario que guardes cualquier ejemplo de mala conducta. Si en verdad las cosas se salen de control, tu caso se irá armando solo. Entonces podrás presentar una muy profesional y legítima lista de ejemplos en vez de sólo quejarte de alguien. Si te presentas con diez páginas impresas sobre tu compañero de trabajo, nadie creerá que lo inventaste todo.

5. Trata de limitar tu trato con esta persona lo más que puedas. En las reuniones, asegúrate de que haya testigos sobre cualquier estrategia que discutan.

6. Si las cosas llegan al punto de ebullición, platica el caso con tu jefe o con el departamento de recursos humanos. Algunas veces es difícil manejar solo estos asuntos. Pero antes de cualquier cosa, no olvides tener todas las pruebas.

7. ¡No caigas en tentación! Lo peor que puedes hacer es hablar mal de tu colega con otras personas, tanto de la empresa o como de fuera. Si sientes que debes decir algo, hazlo con alguien de otra industria. ¡¡Nadie sabe guardar un secreto!! La frase "aquí entre nos" se la dicen a todos.

8. Recuerda que cada trabajo que tengas va contigo al siguiente. Así que aunque quieras eliminar por completo tu relación con el Talentoso Señor Ripley, no es tan conveniente. La gente se mueve mucho dentro del mismo ámbito y es esencial que no quemes tus naves. Las personas aparecen de la nada, y no quieres ponerte en la situación de trabajar con o para ese mismo sujeto en otro puesto y no poder hacerlo porque te odie.

En cualquier ámbito, la política y las personalidades son difíciles de manejar. Algunas veces, la política puede arruinar una experiencia de trabajo muy buena, así que aprender a navegar las aguas es una de las habilidades más importantes que puedes adquirir. Siempre recuerda lo que vales y conserva tus estándares de profesionalismo sin importar lo que suceda. Toda la vida habrá personas difíciles e inseguras, pero al final del día no puedes sacrificarte a ti mismo o tus sueños sólo porque te dé miedo enfrentarte con estos sujetos. Nunca dejes que nadie destruya tu espíritu. La confianza es una bendición. Trabaja en tu actitud de *rock star* y brilla, pero siempre respeta la jerarquía. Entrega el 200 por ciento en cada situación para que, si no resulta, sepas que hiciste tu mejor esfuerzo. P. D. Pero a veces te darás cuenta de que en realidad eres demasiado bueno para un trabajo, y si los demás no pueden verlo, la respuesta correcta es moverte de ahí.

CAPÍTULO NUEVE

Cambia la dirección y sigue avanzando

Cuando supe que mis días en *Atelier* estaban contados y que
la vacante en *Muse* no resultaría, intenté conseguir otras entrevistas. Es triste cuando tienes que renunciar a algo que pensaste sería el trabajo de tus sueños. Sin embargo, es mejor ser
honesto y seguir adelante a esperar que las cosas se pongan
peor. Logré concretar otras entrevistas, pero no me llevaron a
ningún lado. Parecía que cada editor de cada revista que me
interesaba había estado en su puesto por diez años al menos
y no mostraban señales de irse. No había espacio para crecer.
Yo no podía esperar años para ser editora.

¿Estaba siendo impaciente? Tal vez. Claro, podría haber
tomado otro puesto de asistente e incrementar mi experiencia, pero algo me hacía pensar que no era la jugada correcta
para mí. Mi experiencia en *Atelier* había sido tan completa
que no quería aburrirme en otro lado. Sentí que ya había

pasado por todo eso y quería otra cosa. Nunca sabré si tenía razón o no, pero era momento de expandir mis horizontes. Necesitaba algo nuevo: un reto distinto.

En cualquier ámbito debes pensar en tu negocio como si fuera una cebolla. ¿Cuáles son las capas que la rodean? ¿Cuál es el círculo que rodea a tu círculo inmediato? En el mío estaban los editores, estilistas, redactores, escritores, etcétera. Lo que rodeaba a ese círculo eran todas las personas que nos ayudaban a hacer nuestro trabajo: los diseñadores y los publicistas que los representan. Como no puedes vivir dentro de una burbuja, es importante estar siempre al pendiente de lo que está a tu alcance y visualizarte en otro rol. Eso hice cuando estuve en el "lado de ventas" en *DC Moment*. Miré más allá del equipo de ventas de publicidad, hacia las personas que trabajaban en el lado editorial. **CONSEJO: No aprendas nada más tu trabajo, sino el de todos los demás.**

Con eso en mente, comencé a pensar en las personas de RP con quienes hablaba todo el día al solicitar accesorios para las sesiones que hacíamos en *Atelier*. Después de todo, con sólo hacer mi trabajo, había llegado a conocer cómo hacían ellos su trabajo. Y más importante, me daba cuenta de la diferencia entre los que eran buenos y los que no. En cualquier relación con clientes, sabes con quién quieres trabajar y con quién no.

Empecé a llamar a los editores que conocía de diferentes revistas para ver si habían oído de alguna vacante en RP Sentí que ésta era una mejor manera, más confidencial, de buscar información sobre vacantes sin exhibirme tanto. En todo caso, ¿quién sabría mejor sobre vacantes en relaciones públicas que los editores que se pasan el día hablando con ese personal? Era una buena manera de indagar sobre mis opciones sin hablar de forma directa a las compañías potenciales. **CONSEJO: Aprovecha la red de contactos que tienes para buscar trabajo.** Es inevitable que las personas que llaman a las compañías de forma directa estén en desventaja. Hay una gran diferencia entre necesitar un trabajo y echar un vistazo de forma casual a lo que hay disponible. Yo quería tener la sartén por el mango.

Escuché que estaba disponible un puesto de RP *junior* en DKNY. Yo crecí con DKNY, de hecho, crecí en un pueblo vecino a donde se crió Donna Karan. Me gustaba como diseñadora y me interesaba probar suerte en las relaciones públicas. Pero no iba a llamar a DKNY yo misma. En cambio, le pedí a un amigo editor de otra revista que me recomendara, haciendo como que yo no sabía que haría eso por mí (guiño). **CONSEJO: Siempre es más poderosa una recomendación que cualquier cosa que puedas decir por ti mismo.**

Si lo pensamos, ¿qué más tenía a mi favor excepto una buena recomendación? No es como si tuviera experiencia práctica en RP. Tenía que resaltar algo sobre mí que fuera único y superior a los demás candidatos potenciales, que sí tenían experiencia directa.

Una mañana, sonó mi teléfono.

—Hola, soy Amy de DKNY. ¿Hablo con Aliza?

—Sí, ella habla —contesté. Aquí es donde yo actué como si no tuviera idea de que Amy me hablaría a propósito de una vacante. Mi estrategia era actuar como si nada.

—Tenemos una vacante para trabajar en relaciones públicas con accesorios y el EditorX me sugirió que hablara contigo. ¿Te interesaría saber más sobre este puesto?

—Ah, qué amable es el EditorX por pensar en mí. Claro que me gustaría saber más sobre el puesto —dije. Unos días después fui a una entrevista y me sorprendí a mí misma de lo mucho que sabía sobre relaciones públicas a partir de lo que conocía sobre editorial. Mi empleo en ese momento me enseñó sobre el siguiente; eran dos caras de la misma moneda. Por eso siempre es importante aprender sobre los trabajos de las personas con las que interactúas. En esencia, me había entrenado sola en relaciones públicas sin tener ninguna experiencia directa en en ellas.

Poco después, Amy llamó para ofrecerme el puesto. Pedí que me mandara la oferta por escrito. Me porté muy exigente para tener tan poca experiencia profesional, pero quería asegurarme de tener un acuerdo claro. ¡No quería renunciar a *Atelier* a menos que estuviera segura de tener otro trabajo! Recibir esa carta fue uno de los momentos de más orgullo. Significó el comienzo de mi carrera en relaciones públicas.

· ·

Comencé en DKNY el 17 de agosto, al final del verano. La oficina estaba en la calle 40, saliendo de la infame 7.ª Avenida, en el corazón del distrito de la moda de Nueva York. Todo el edificio era de DKNY y la oficina de RP dominaba el décimosegundo piso, justo a un lado de la sala de exhibición. Estaba muy emocionada de empezar este nuevo viaje. Cuando llegué, no podía creer lo similar que era mi nuevo empleo a mi puesto anterior en *Atelier*.

Aunque ahora estaba en relaciones públicas (con otra valiosa tarjeta de presentación que lo sustentaba), seguía haciendo el mismo trabajo que en *Atelier* y en *Haute*. Mi puesto ahora era Coordinador asistente de RP de accesorios (créanme, ¡me aseguré de revisar esa tarjeta de presentación más de dos veces!). Esto me colocó de nuevo en el clóset, manteniendo fichas en cientos de bolsas y zapatos.

Muchas personas pueden considerar esto como una movida lateral. De hecho, ahora entrevisto gente que llega preocupada de que un puesto potencial sea muy semejante al previo. Dicen que si van a tomar un trabajo nuevo, quieren ganar más y tener más responsabilidades. Aunque eso es válido, a veces debes mirar las oportunidades desde otra perspectiva. A veces no puedes nada más ver el *puesto* como la llave para el desarrollo de tu carrera. Tienes que considerar también a tu nueva empresa, a tu nuevo jefe y tu nuevo ambiente de trabajo. No es una movida lateral si pasas de un jefe que no te enseñó nada a uno nuevo que en última instancia será tu mentor profesional. Tampoco se trata de una movida lateral si de una empresa menor llegas a una marca global importante. No se trata nada más de puestos, salario y agenda diaria. **CONSEJO: Juzga un empleo de acuerdo con su potencial a futuro. Una aparente movida lateral puede resultar la oportunidad de tu vida.**

Sabía que la industria de las relaciones públicas me ofrecería más opciones profesionales de las que obtendría quedándome en una revista editorial. Claro, las tareas eran con frecuencia similares, pero siempre me decía que un día todas esas labores quedarían atrás. Decidí mantener la mirada fija en el presente y olvidar el futuro. Saboreé la oportunidad de no tener una meta. Después de todo, ¿en qué me había ayudado mi larga ambición de ser doctora? El proceso orgánico de dejar fluir las decisiones y dejar que suceda lo que tenga que ser parecía mejor idea. Renunciar a medicina me hizo revivir mi amor por las revistas de moda; aprender sobre la industria de las revistas me permitió aprender sobre la industria de relaciones públicas. Nunca planeé ser publicista. Ahí me llevó mi camino. **CONSEJO: Olvida tu meta a largo plazo. Resuelve lo que tienes enfrente y tu siguiente paso quedará claro.** Para mí, es mucho más importante no dejar que se cierre una puerta prometedora y entregar el 200 por ciento en lo que te ofrezcan. Si tienes éxito y logras impresionar, otra puerta se abrirá.

Las relaciones públicas eran mi vocación y si no hubiera sido por mi temporada en revistas, nunca lo hubiera sabido. No puedes planear eso, sólo sucede. Las personas que dicen cómo diseñaron su plan a cinco años mienten. No se puede saber. Lo siento, no se puede. No es un plan, es una decisión. A veces tomas buenas decisiones y otras no. Pero el punto es que siempre eres tú el que elige la dirección.

. . . .

Me doy cuenta de que, para los que no están en el mismo ámbito, todo lo que hacía en RP parece muy superficial y tonto. Recuerdo que mis amigos (que no trabajaban en el mundo de la moda) solían decirme: "¿Así que te pagan por jugar con bolsas y zapatos todo el día?" Pues, más o menos. En RP, las muestras son moneda corriente y pasaba el día documentando, empacando y enviando muestras a todo el mundo. Las habilidades que tengo ahora como armadora de cajas de cartón son impresionantes, y también soy muy buena con el distribuidor de cinta. Como cualquiera en RP te dirá, es probable que tengas una relación muy enfermiza con su servicio de mensajería, por no mencionar a los de paquetería de todos tipos (WorldNet International es mi favorito). Para terminar el trabajo, tienes que hacer lo necesario. Y créeme, hay que hacer mucho.

Pero también es más que empacar cosas. La mayoría de las grandes habilidades que adquieres provienen del aprendizaje sobre el funcionamiento interno de una industria. No era sólo que jugara con bolsas y zapatos, empezaba a aprender la forma en que las marcas comunican un mensaje a través de las relaciones públicas. En términos más específicos, cómo lo hacen a través del posicionamiento del producto por medio de una revista editorial. Puede pagarse por los anuncios, pero lo que estábamos haciendo era la difusión de marca de forma orgánica.

Cuando comencé mi carrera de RP en DKNY, las únicas personas con las que lidiábamos eran los editores de las revistas y unos pocos estilistas. No había nada en línea, ni sitios web, ni blogueros (ya sé que suena a la prehistoria, ¡pero en verdad no fue hace tanto tiempo!). Así que tenías que construir tu red de contactos en persona o por teléfono. ¡Vaya! De igual manera, los editores debían descubrir las nuevas tendencias de forma independiente. No había sitios que publicaran "Las 10 mejores tendencias de la Semana de la Moda" en tiempo real. Los editores descifraban las tendencias con base en lo que veían en persona, sin el bono adicional de saber lo que su competencia cubriría. En la actualidad, si quisieran saber, sólo deben leer sobre las tendencias que su competencia esté comentando en blogs o en Twitter.

Tampoco había una forma práctica de rastrear las muestras. Hoy en día la tenemos muy fácil gracias a compañías como Fashion GPS, que ofrece una herramienta digital que rastrea cada movimiento de una muestra. Pero entonces ¡la gente usaba papel y lápiz! (Si eras muy avanzado, mantenías los registros de tu inventario en Excel).

Pero incluso sin sistemas apropiados, todos parecíamos resolver las cosas, aunque de modo poco eficiente. En mi trabajo, era crucial saber cómo funcionaba una revista (y en esa área, para mí todo estaba claro). En realidad era increíble lo mucho que sabía de RP sólo por trabajar en una editorial. **CONSEJO: Trabaja en el empleo opuesto para ganar experiencia en el que quieres conseguir.** Era la perspectiva de la imagen en el espejo.

Cuando llegué a DKNY no había una estrategia de relaciones públicas para accesorios. De hecho, no creo que nadie antes que yo se hubiera dedicado sólo a accesorios. Lo bueno de eso fue que pude crear mi propia manera de hacer las cosas y los demás lo agradecieron. Para mí, los accesorios eran más importantes de lo que la gente creía. Yo sentía una verdadera pasión por ellos, mucho mayor de lo que sentía por la ropa. Los accesorios eran la solución para la caprichosa industria de la moda. Las tendencias cambian a la velocidad de la luz y aunque es difícil reconstruir un guardarropa completo de una temporada a otra, es mucho más sencillo cambiar una bolsa o unos zapatos. Yo siempre digo que podría usar el mismo vestido negro todos los días, siempre y cuando cambie mis opciones de zapatos y bolsa de mano. Más allá de la variedad que proveen los accesorios, sentí el poder que ofrecen una buena bolsa o unos zapatos (¿Recuerdas esos Mary Jane de aquella noche en Bryant Park?). Entonces no había algo así como la bolsa *must have* o los zapatos *it*. Pero yo lo sentía.

Sabía que los accesorios se convertirían en algo importante y que el mercado de los accesorios iba a crecer y crecer.

Así que, una vez más, me enfrenté al dilema de construirme una escalera donde no la había: crear a partir de cero una estrategia de relaciones públicas para los accesorios de DKNY. Decidí basarme en lo que sabía del lado editorial del negocio de la moda y luego voltearlo. En una revista de modas, me encontraba en el "lado de la compra". En relaciones públicas estaba en el "lado de la venta". Debía promocionar accesorios, pero ¿con qué y cómo? Así que me pregunté qué me resultaría más útil desde el lado de las revistas.

Mi primera tarea de negocios fue convencer a Amy de que un catálogo visual (lookbook) de los accesorios de DKNY era una forma estratégica de asegurar más publicidad, facilitándole así el trabajo a los editores de las revistas. Antes de esta idea, cuando los editores veían las colecciones, tomaban sus propias fotos. Pero, como encargados de RP, ¿no deberíamos facilitarles la referencia a objetos específicos? Entonces tomé fotos de cada accesorio, revelé la película y puse las fotos en la copiadora a color para imprimirlos por tema (por ejemplo, tacones corridos versus tacones de aguja). Para la portada fotocopié una impresión interesante de una pieza de ropa de la colección. Mi lookbook casero no era súper hermoso, ni se veía tan profesional, pero era creativo y demostraba empeño. Nadie me había pedido que lo hiciera, sólo usé el sentido común para identificar una mejor manera de hacer mi trabajo. Si los editores ignoraban qué accesorios teníamos, ¿cómo sabrían qué pedir para sus sesiones de fotos? Éste era un pequeño ejemplo de cómo hacerme cargo de las cosas y crear una nueva manera de hacer algo.

Hice copias de mi *lookbook* para cada editor de cada revista que pensé que debería tener a DKNY en sus páginas. Conseguí los nombres de los editores de accesorios comprando un montón de revistas y determinando quién cubría el mercado de los accesorios en cada publicación a partir de sus créditos. Luego llamé a cada revista para obtener los datos de contacto directo del editor correspondiente. Así empecé desde cero un directorio de prensa.

Conformé mi estrategia de relaciones públicas de accesorios por instinto. Pero si no tenía experiencia real en este medio, ¿cómo convencer a mi jefa de que sabía de qué hablaba? Siempre he creído que una buena idea puede venir de quien sea, en cualquier puesto, pero no todos concuerdan. Algunas personas se concentran en el puesto de quien propone una idea, antes de saber el valor de la misma. Es una verdadera lástima.

Así que, ¿cómo le presentas una nueva idea a tu jefe cuando estás al final de la jerarquía? ¿Y cuándo? Noticias de última hora: tu jefe tiene la capacidad de atención de una mosca. Tengo que admitir que, como ejecutiva, yo peco de lo mismo. Le echo la culpa a las mil y un cosas que tengo en las manos. Por eso es bueno dominar el arte de concentrar lo que tienes que decir en textos breves. Si sólo recibes la atención de tu jefe por segundos, haz una lista de las preguntas que necesitas hacerle, para que cuando lleguen tus cinco minutos seas tan productivo como puedas. Y antes de empezar a recitar tu lista, pregúntale si es un buen momento. Eso ayuda a que tu jefe se concentre, esté en el presente, y en efecto, considere si tiene la paciencia para escuchar. Pero debes ser claro, y si hay algo apremiante, ¡no esperes hasta el final del día para revisarlo!

Tómate una selfie: ¿Estás listo para presentar una idea a tu jefe?

1. ¿Investigaste? Hay que resaltar la importancia de sustentar la información. No es suficiente presentar una idea, debes explicar el qué, cómo y por qué de la misma.

2. ¿Hiciste un análisis de la competencia? Es aconsejable mostrar lo que están haciendo en la competencia. Es un gran motivador. No olvides incluir buenas estadísticas que apoyen tu argumento.

3. ¿Existen opciones a la carta? A la gente le gustan las opciones, así que preséntale a tu jefe diferentes escenarios. "Si hacemos w, sucederá x, pero si nos comprometemos con y, sé que podemos lograr z." A menudo, estos diferentes escenarios tendrán distintos costos, así que es bueno ofrecer opciones pequeñas, medianas y grandes. Presentar estos escenarios de diferente costo muestra tu sensibilidad fiscal y que te ocupaste de incluir las cosas significativas en tu presentación.

4. ¿Lo pusiste en papel? La presentación lo es todo. Organiza bien tu material y muéstralo de forma atractiva. Complétalo con todas tus sabias palabras y estadísticas. Incluso si rechazan tu idea, tu esfuerzo hablará mucho por ti.

Pero ¿cómo te las arreglas si tu jefe adopta tu idea y la presenta como propia? Sé que parece muy injusto que alguien que gana mucho más dinero que tú obtenga el crédito de tu idea innovadora, ¿verdad? Pero igual que la vida, los negocios no son justos, así que cuando llegue ese momento y veas que tu jefe presenta tu idea en una reunión, debes aguantarte. ¡No te preocupes! Lo que sucede por lo general es que después de ese momento de gloria robado, la gente comienza a hacer preguntas. Ahí es donde sólo tú puedes contestarles. Tu momento de brillar llegará de forma natural. Y cuando debas ejecutar la idea, por supuesto tú tomarás el liderazgo y reunirás a diferentes personas para convertir tu idea en realidad. Es crucial tener la paciencia para esperar a que llegue ese momento; lo que menos quieres es interrumpir a tu jefe en ese momento falso de orgullo.

Aquí tienes otra idea: cuando se te ocurra algo que quieras compartir con tu jefe, envíale un *email* al respecto. De esta manera creas un antecedente que demuestra que la idea vino de ti. (Si crees conveniente copiar a otras personas en el *email* inicial, puedes hacerlo, pero piénsalo dos veces, puede ser que a tu jefe no le guste.) Guarda la correspondencia en un fólder titulado "Evaluación anual". Es una forma sencilla de protegerte cuando llegue el momento de discutir tus logros del año pasado. Es fácil olvidar todo lo que se te ha ocurrido, por lo que mantener un archivo te salvará al final del año. ¡Te sorprenderás de lo mucho que has hecho!

• •

A veces, la vida es como en la película *Groundhog Day*, como un *déjà vu*. Diferentes empresas, mismos problemas. En DKNY, me topé con un vasto mar de cajas de zapatos que funcionaban como clóset, pero sin orden. No podía ver qué zapatos estaban dentro de qué caja, y era imposible hacer mi trabajo de modo eficiente si no sabía qué accesorios prestar en determinado momento.

Decidí que un inventario visual era la mejor solución. Así que tomé una instantánea de cada par y la pegué en cada una de las cajas. Había miles de muestras por cada estilo, y así elaboré un sistema de codificación que detallaba lo que se encontraba en cada caja de la manera más sencilla. Anotaba el nombre del estilo, color, material y talla en cada foto. Pero luego venía el inventario. ¿Cómo podía saber lo que tenía físicamente en el clóset y qué estaba prestado? Decidí que la respuesta era tomar dos instantáneas, una pegada en un lado y otra en el opuesto. Una foto decía "DENTRO" y la otra decía "FUERA". De esta manera, cuando un editor venía a elegir muestras, yo tomaba los zapatos pero dejaba la caja en su lugar como indicador en el clóset, volteándola para dejar a la vista la foto que decía "FUERA". Cuando los zapatos regresaban a su caja, la volteaba para que se viera el lado que decía "DENTRO". Era elemental, pero funcionaba. Me hacía más eficiente y podía prestar más muestras para más sesiones.

Para ser honesta, estaba muy emocionada con mi pequeño proceso casero, pero conociéndome era de esperarse. En general, adoro un clóset ordenado por colores. Pero también estaba feliz por algo más que la organización. Me emocionaba lo que hacía, como si tuviera un negocio bebé con un producto tan genial que los editores de las revistas debían fotografiarlo. Llené otro vacío que me permitía hacer mi trabajo lo mejor posible.

¡Hazlo! Identifica los vacíos en tu negocio

1. Adopta la perspectiva aérea. A veces es fácil quedarnos atorados en las minucias que nos encargan todo el día. Pero de vez en cuando, necesitas dar un salto gigante en el aire y mirar hacia abajo, hacia lo que estás haciendo. Necesitas tener una perspectiva diferente.

2. Examina el proceso. En cualquier proyecto algunas cosas resultan innecesarias. Quita la paja para concentrarte en lo necesario y asigna tiempo a las cosas que antes no prestabas atención.

3. Agita las aguas con suavidad. Odio que la gente diga: "Así hemos hecho las cosas siempre". ¿Y? ¿A quién le importa? Sólo porque algo se ha hecho de cierta manera no significa que no pueda hacerse diez veces mejor con otro método. **CONSEJO: No tengas miedo de cuestionar el *statu quo*.**

4. ¡Sé amigable! Es importante hacer amigos entre tus pares de otras compañías. Es obvio que no vas a chismear con ellos los secretos del mercado de tu empresa, pero compartan las cosas inofensivas y aprende algo de otros.

Después de abordar el asunto del catálogo y del inventario, era momento de revisar la forma en que abastecíamos los clósets de moda de las revistas. Un editor de accesorios podía elegir estilos y mantenerlos de forma exclusiva en el clóset de la revista durante toda la temporada. Cuando estuve en *Atelier*, teníamos un guardarropa enorme de zapatos de DKNY.

Estoy segura de que el coordinador de RP de DKNY pensaba entonces que era una estrategia genial. Digo, ¿por qué no iba a ser así? Claro que parecía hacer el trabajo del editor más fácil. Pero para mí, que ya había estado en el clóset de esa revista, no era buena idea. A los editores les gustan las ideas frescas, y esos zapatos comenzaban a sentirse y verse como muebles, luego de un tiempo. Estaban ahí en los estantes esperando el momento de ser elegidos, pero la realidad era que nunca los iban a escoger porque eran zapatos que coleccionaban polvo en las repisas un mes tras otro. En cuanto llegué a DKNY, decidí abolir para siempre el "guardarropas de zapatos" para hacer que esos editores valoraran el producto que siempre habían considerado algo obvio.

La primera forma de crear demanda es que algo sea escaso. Le quité a todas las revistas su preciado guardarropa de zapatos y, como si se hubieran puesto de acuerdo, todos comenzaron a chillar y retorcerse alegando que cómo trabajarían sin él. Como yo fui una de ellos, conocía sus trucos y no iba a caer en ellos. Lo siento, tendrán que pedir mis zapatos igual que piden los de Chanel. Hay un nuevo jefe en la aldea.

Ser el dueño de tu aldea es muy emocionante. Me encantaban las relaciones públicas y me pareció gratificante de forma instantánea. Nada más feliz que oír a un editor decir que un producto de DKNY había sido fotografiado. Quería que la colección estuviera en todos lados, un crédito editorial al mes en cada revista no era suficiente para mí. Prestaba muestras para sesiones como loca, pero también era implacable en mantener el registro de dónde estaban y cuál era su estatus. ¿Fotografiaron la bolsa? ¿Pueden regresármela lo más pronto posible? Nunca dejaba una muestra olvidada. Una que se queda tirada es mucho más vulnerable al infame descuento de 50 por ciento. Promediaba sesenta editoriales de accesorios y zapatos al mes, y a veces mucho más. Era súper competitiva conmigo misma y todo el tiempo trataba de rebasar el total de créditos editoriales del mes anterior. Conforme pasó el tiempo, fui capaz de involucrarme todavía más en el lado de los negocios, compartiendo las reacciones de los editores con el equipo de ventas y tratando de incidir en los estilos que terminaban produciéndose y vendiéndose. Logré demostrarle a la compañía qué accesorios iban a ser más populares.

Sin embargo, para obtener esos créditos editoriales, debía promover mucho los productos, y eso implicaba un montón de llamadas comerciales. Cada vez que llamaba a un editor y decía "Hola, habla Aliza de DKNY" no podía evitar recordar mis días en *DC Moment* donde hacía eso durante horas cada día y lo odiaba. Pero en RP estaba otra vez en el lado de las ventas y, al igual que en *DC Moment*, mi trabajo era tomar la iniciativa. La diferencia era que esta vez podía construir relaciones y aprovecharlas para garantizar cobertura en la prensa.

Saber cómo presentar algo es un requisito en RP, pero la verdad es que hacerlo es muy importante en cualquier ámbito. No importa cuál sea tu trabajo, al tratar de vender o promover algo, tendrás una enorme ventaja si creas una estrategia de promoción. Preparar una presentación te hace considerar cuál es tu "gancho de prensa": ¿por qué les importaría lo que dices a los medios o a quien escuche? Debes identificar los puntos fuertes de una idea o de un producto para hacer que otros lo noten.

Por ejemplo, tengo una amiga que trabaja para una compañía de bebidas saludables. Yo no había oído de la marca, así que le pregunté si su compañía hace algo de RP para difundirla. Me dijo que como eran una empresa nueva y pequeña, no tenían presupuesto para contratar a nadie que lo hiciera. No pude evitar mi modo RP y le hice preguntas sobre el producto. ¿Por qué es especial? ¿Qué beneficios tiene para la salud? ¿Alguna otra bebida ya hace lo que la suya dice hacer? Conforme contestaba mis preguntas, nos resultó evidente cuál era su "gancho de prensa". Ella supo de inmediato qué le iba a ayudar a vender la bebida y si necesitaba presentarle el producto a algún periodista, sabía qué información debía resaltar.

Tómate una selfie:
¿Sabes cómo hacer una presentación?

1. ¿Sabes ante quién harás la presentación? Los periodistas te dirán que los mata que les presentas ideas que no tienen nada que ver con a) el área que cubren, o b) el estilo de la publicación o sitio web para el que escriben. Tienes que hacer la tarea primero y entender a quién quieres atraer.

2. ¿Identificaste el mejor enfoque para tus relaciones públicas? ¿Hay otros que puedan presentarse a diferentes tipos de medios?

3. ¿Escribiste un asunto? Ya sé que suena tonto, pero lo que escribas en el apartado de asunto no es nada más para obtener la atención de la gente, también es esencial para agilizar la búsqueda después. Siempre facilita que la gente encuentre tu *email* en el traicionero mar de su bandeja de entrada.

4. ¿Tu asunto es bueno? Añadir un elemento de intriga siempre ayuda; hacer que el lector se identifique con el título. Palabras como "tú" y "tu" siempre son útiles. **CONSEJO: Poner todo en el asunto hace que el lector no tenga razones para abrir tu *email*.**

5. ¿De qué dirección de *email* viene la presentación? Si tienes un *email* general que da la sensación de ser masivo, algunos tenderán a no abrirlo. Si tu *email* tiene "ast" (de asistente) en la dirección, eso también puede disuadirlos de leer.

6. ¿Puedes dar una "exclusiva" o un enfoque único? A la gente le encanta la palabra "exclusivo" porque saben que reciben contenido especial. Por supuesto que si usas la palabra "exclusivo" debes darles algo que lo sea.

7. ¿Personalizaste el contenido? ¿Te acuerdas de los *emails* masivos que siempre borras? Sí, yo también. La gente quiere saber que en verdad dedicaste tiempo a una presentación. No la mates con esas letras malignas: "Fwd." O "Re:" O peor, no mandes *emails* grupales. Los periodistas no necesitan saber que presentarás la misma idea a otros cientos de periodistas.

8. ¿Cómo es tu estilo? A veces no se trata de lo que presentas, sino de cómo lo presentas. ¡El humor y la autenticidad siempre ayudan! Si las personas sienten que leen una presentación masiva, van a borrarla sin pensarlo dos veces. Siempre considera a tu audiencia y lo apropiado para las personas a quienes te diriges.

9. ¿Escribiste una novela? Porque si lo hiciste, nadie va a leerla. Las presentaciones deben ser breves. Pregúntate a ti mismo si te gustaría leer tu presentación. Si no es así, a nadie más le va a gustar. Recuerda que la información se digiere mejor en pequeños bocados

coloridos. De hecho, incluir imágenes en tu presentación ayuda mucho.

10. ¿Le diste seguimiento? No basta con tener una buena presentación, necesitas ser capaz de cumplir lo que prometiste en tiempo y forma.

11. ¿Eres un acosador? Sólo porque presentes algo no quiere decir que la otra persona deba responder o hacer algo al respecto. Por supuesto, debes intentar darle seguimiento (unos días después) y asegurarte de que recibieron la presentación, pero si no obtienes respuesta después de eso, déjalos en paz. Acepta un no con dignidad y agradéceles por su consideración.

12. ¿Fuiste amable? Agradece a las personas que te apoyen. No es su deber hacerlo.

El secreto del éxito en las presentaciones es tener relaciones cordiales antes de necesitarlas. Al construir mi carrera, descubrí que la prueba de un trabajo bien hecho eran mis relaciones de verdadera amistad con los editores. Al igual que con tus mejores amigos, nunca tienes que decir tu nombre al teléfono porque reconocen tu voz. La calidez y la confianza van de la mano y son los ingredientes más importantes en cualquier relación de trabajo. "Hola, soy Aliza" es la segunda mejor opción. Esto sucede en cualquier industria. Entre más amigable seas con los colegas dentro y fuera de tu empresa, más efectivo serás en tu trabajo.

Las relaciones son fundamentales para el éxito porque a veces te toca promover una idea o un producto difícil de vender. Es la verdad. Así que, ¿cómo lograrlo? Bueno, debes pedir favores, y si no tienes amigos entre la gente que controla tu éxito, los demás no van a complicarse la vida por ayudarte.

Tómate una selfie: ¿Construyes relaciones exitosas con tus clientes?

Un cliente es cualquier persona con la que haces negocios. Un cliente puede ser interno o externo a la empresa. Esto quiere decir que si tu trabajo es ayudar a tu propio equipo de ventas con x, y y z, entonces el equipo de ventas es tu cliente. Es probable que las relaciones clientelares sean una de las cosas más importantes que debes fomentar y mantener.

Hazte las siguientes preguntas:

1. ¿Qué tan fácil es trabajar contigo?

2. ¿Eres accesible?

3. ¿Eres confiable?

4. ¿Tienes credibilidad?

5. ¿Ayudas a la gente?

6. ¿Eres valioso para su negocio?

7. ¿Eres indispensable?

8. ¿Aprecias su negocio? ¿Lo demuestras?

Si necesitaras la recomendación de tres clientes sobre estos puntos, ¿la tendrías? Si la respuesta es sí, ¡vas por buen camino! Al final, los negocios dependen más de la naturaleza humana que del negocio mismo. **CONSEJO: La gente se complicará para hacer negocios con las personas que les agradan.**

Cambiar la dirección hacia las relaciones públicas fue el movimiento correcto para mí. Juzgué el puesto en DKNY a partir de su potencial futuro y hacia dónde me llevaría una carrera en relaciones públicas. No importó que el salario fuera apenas un poco mayor que el de *Atelier* o que de todos modos siguiera haciendo muchas de las mismas tareas. Me concentré en el panorama general de las nuevas habilidades que podría adquirir estando ahí.

Luego de dos años en mi puesto en DKNY, me di cuenta de que podría hacer más. Al mismo tiempo, el encargado de RP de Donna Karan New York manejaba la ropa y los accesorios. Pero como yo hablaba con los editores de accesorios todo el día, sabía que si supervisaba los accesorios de Donna Karan New York, maximizaría su potencial de prensa. Así que propuse la idea de crear por primera vez un departamento de RP de accesorios en la empresa, donde yo supervisaría ambas marcas. La compañía me apoyó. Haber pensado más allá del ámbito de mi puesto original amplió mis responsabilidades. **CONSEJO: Manifiesta tu potencial al mostrarle a tu jefe que puedes construirte una escalera donde no existe una.**

Con mi nuevo puesto, podía ser todavía más estratégica. Ser dueña de todo el mercado de accesorios me permitió pensar en cuáles revistas debería presentarles a Donna Karan New York y cuáles a DKNY. Pero algunas eran importantes para las dos marcas. Esto significaba que mi trabajo era convencer a esos editores para darle a mis marcas el doble de espacio en su revista. Ahí aproveché mis relaciones.

En cualquier industria, la manera en que te perciban pesa mucho en tu éxito. Si a los clientes no les gusta trabajar contigo, ¡no obtendrás un ascenso! Tu reputación te precede siempre, pero la empresa para la que trabajas también contribuye a esa reputación. Las empresas que aparezcan en tu currículum son como insignias. La gente no te juzgará sólo por tus habilidades, sino también por los lugares donde has trabajado.

El apellido de una persona y su empresa se vuelven sinónimos. Yo lo llamo "Síndrome del Apellido". Estoy segura de que todos conocemos a alguien que esgrime el poder empuñando el nombre de su compañía de alto perfil como si fuera un arma. Pero depender mucho de la influencia de tu empresa para inflar tu posición puede ser un arma de doble filo. Considera lo que tu nombre significaría por sí solo cuando dejes esa empresa reconocida.

Cuando me cambié a RP y me afiancé en el lado de ventas del mundo de la moda, me juré a mí misma que nunca caería víctima del Síndrome del Apellido. Después de todo, tu nombre es a tu trabajo lo que las plataformas son a los zapatos de tacón alto. Claro que puedes prescindir de ellas, pero será doloroso.

CAPÍTULO DIEZ

Lenguaje de mensaje de texto y otras formas de arruinar tus oportunidades

De acuerdo, hasta ahora he sido tu hada madrina apoyando tu carrera con una pizca de impertinencia, pero es hora de que me desahogue un poco. En tiempos recientes he visto o escuchado varias historias que me pusieron los pelos de punta. Unas hacen que me preocupe al pensar que algunas personas no están bien preparadas para el mundo profesional. Si sabes que tú nunca serías como las personas de los ejemplos, sigue adelante y pasa un buen rato mientras los lees. Pero si te identificas con ellas, espero que te guíen por un camino libre de problemas. Si esto se siente como un pequeño manazo, lo siento, pero no lo siento. Puedo recomendarte una buena crema de Bergdorfs para calmar el dolor.

¡La buena noticia es que tenemos suerte! Acceder a tantas personas con las yemas de los dedos, gracias a internet, es un lujo que no puede compararse. Cuando empezaba mi vida laboral, tenía la sección amarilla. Era el gigantesco libro lleno de direcciones y números telefónicos de empresas al que recurría. No sólo era una monstruosidad revisarla, la calidad del papel también era horrenda, era tan delgado que casi podías ver a través de él. Las probabilidades de romper una página mientras buscabas eran altas. Las de no encontrar lo que buscabas eran incluso mayores. Así que cuando pienso en todo el acceso que tenemos hoy, desde LinkedIn hasta Google, y todo lo que hay en medio, estoy segura de que no hay excusas para no crear redes de trabajo.

Como alguien que está muy metida con las redes sociales, amo hablar con todo tipo de personas, en especial con quienes buscan entrar en el negocio y quieren consejos. No digo que lo sepa todo, pero soy parte de un grupo reducido de personas dispuestas a dar consejos laborales a extraños sin esperar algo a cambio. Por lo que en realidad me sorprende cómo algunas personas cierran las puertas a las oportunidades. Cuando la gente me contacta en Twitter y me dicen si pueden hacerme algunas preguntas o si puedo darles algunos consejos profesionales, siempre les digo que sí. Les doy mi email y a veces mi número telefónico. Y, ¿adivina? A veces no lo usan. No entiendo. ¿Cómo es que alguien ignora una oportunidad? Los que no actúan de manera oportuna están igual de mal. Debes apreciar que se te da una oportunidad y respetarla.

Reconoce las oportunidades cuando tocan a tu puerta, incluso cuando la oportunidad es tan pequeña como la invitación a escribirle un *email* a alguien. No arruines oportunidades de relacionarte con alguien que ya tiene el trabajo que tú quieres. Incluso si no estás del todo seguro de qué quieres,

¿pediste una oportunidad, alguien te extendió la mano y tú la rechazaste? ¡No hagas eso!

Pero no aprovechar una oportunidad es casi tan malo como echarla a perder al escribir usando un lenguaje de mensaje de texto con una persona con la que quieres entablar una NUEVA relación profesional. Un día un desconocido me contactó por Twitter para pedir consejos profesionales, por lo que le di mi correo electrónico. Éste es el email que me mandó:

Ey, ¿puedes hablar?

¿Es en serio? ¿Somos amigos? Esto debió escribir:

Querida Aliza:
Gracias por acceder a hablar conmigo. Me gustaría agendar un tiempo que te acomode para platicar.

Escribir con un lenguaje de mensaje de texto es una excelente forma de demostrar tu falta de profesionalismo. No me importa si pasas todo el día en redes sociales, no puedes usar palabras abreviadas, emoticones, *slang* e informalidad en un marco profesional. Sobre todo si hablas con alguien con más experiencia que tú. Para ser más claros, no hablo de cuando escribes *emails* a tus colegas en el trabajo; por mí está bien si quieres terminar cada línea con LOL, NTP o TQ. Pero no es correcto cuando hablas con un director, haces negocios o entras en contacto con alguien a quien no conoces en persona. Ser informal con una persona así puede considerarse falta de respeto. Ten especial cuidado cuando tratas con gente de otros países con una cultura diferente y que espera una comunicación más formal. Sólo tienes una oportunidad. Iré todavía más lejos: el asunto de un *email* puede significar que esa persona lea lo que escribiste.

¡Hazlo! Etiqueta apropiada para *email*

1. Piensa en tu lector y en su nivel de experiencia profesional. Comunícate de forma apropiada. ¡Nunca nadie se ha metido en problemas por ser muy formal!

2. Nunca incluyas una lista larga de empleados o compañías en un *email*, ni siquiera en CCO. Sólo se requiere una persona del grupo para echar todo a perder si responde a todos por accidente. Pero, además de eso, debes dirigir el *email* a una persona si quieres que preste atención a lo que dices. Esto es, a no ser que el asunto sea chisme, porque cada persona y su mamá abrirán ese correo. Por cierto, yo utilicé esa estrategia para conseguir que universitarios lean *emails*. Funciona, pero si no tienes ningún chisme, todo se va a pique. Jajaja.

3. ¡Revisa la ortografía! Usa enunciados completos y gramática apropiada con gente que quieres impresionar.

4. Responde a la brevedad. Si envías un *email* a un empleador potencial o un correo muy importante, no

abandones tu bandeja de entrada por cinco días. Revisa todas tus vías de comunicación. La gente pierde interés cuando siente que no estás al tanto. Los que abandonan sus cuentas de correo por lo menos un día no deben aplicar a nada.

5. No acoses. Pero sí da seguimiento si no has obtenido una respuesta.

6. No pongas nada en la sección de "para" de un *email* hasta estar seguro de que el contenido es perfecto. De otro modo podrías enviar un correo por accidente a medio escribir o con un contenido muy pobre.

7. Revisa dos veces si la persona a la que envías el *email* es la persona correcta. Todos conocemos mucha gente con el mismo nombre, y es muy fácil enviar un *email* al John incorrecto.

8. Hazlo breve. La gente tiene periodos limitados de atención. Considera que las personas pueden estar muy ocupadas y no quieran leer tu *email*.

Aquí hay otro ejemplo: hace poco un joven me preguntó si me podía entrevistar para su periódico escolar y yo de inmediato le dije: "Claro, escríbeme a esta dirección". Puedes imaginar mi sorpresa cuando recibí este mensaje:

De: John Doe
Para: Aliza Licht
Asunto: Artículos

Básicamente, en el artículo te haré algunas preguntas. Estaría muy bien si tuvieras fotografías que te gustaría compartir.

A pesar de que esta persona no escribió con un lenguaje de mensaje de texto (bien por él), este email está a medio cocinar y escrito de manera poco profesional.

Así es como debió enviarlo:

De: John Doe
Para: Aliza Licht
Asunto: Petición de entrevista para periódico escolar

Estimada Sra. Licht:
Muchas gracias por acceder a hablar conmigo. Soy un (estudiante de primer año, de segundo año, etc.) de la institución (nombre de la institución) y escribo un artículo para el diario escolar, titulado X. Soy estudiante de comunicación y sería un honor entrevistarla. El proceso es simple, todo lo que tendría que hacer es contestar las siguientes preguntas:

1.

2.

3.

4.

5.

Además, si tiene alguna fotografía de usted que pueda incluir o imágenes que complementen sus respuestas, estaré feliz de recibirlas. Por favor, avíseme si tiene alguna pregunta.

Mi fecha límite para obtener una respuesta es el día 12 de noviembre.

Atentamente,

EstudianteX.

Ahora, vale la pena señalar que en las situaciones adecuadas ser informal ayuda a hacer contactos y obtener resultados. La gente disfruta de una plática amigable y entretenida, en especial cuando su correo está lleno de *emails* aburridos. Pero, y éste es un gran pero, recuerda con quién hablas. Y nunca está de más hacer un borrador y mostrárselo a un colega o amigo antes de mandarlo. Pregúntate cosas como ¿Esto es muy informal o está bien? ¿Tengo la experiencia necesaria para hablar de este modo? Piensa antes de dar clic a enviar.

Así que, si escribes con profesionalismo, estás fuera de peligro, ¿no crees? Tampoco es así de fácil. El profesionalismo aplica a un montón de situaciones, no en sólo *emails* y cartas de presentación. Con la tecnología hay muchos inconvenientes a la vuelta de la esquina. He aquí un ejemplo: Nick llegó a una entrevista de trabajo con Ana en la compañía X. Él estaba muy bien vestido. Tenía un *look* muy limpio y clásico. Si le preguntaras a Ana, te habría dicho que parecía que iba a una entrevista con una firma de abogados en vez de aplicar para asistente de modas.

Durante la entrevista, habló con mucha claridad e inteligencia. Sus respuestas eran las correctas y, en general, Ana pensó que era grandioso. Pasaron un rato hablando del puesto y al final quedó convencida de que era la persona indicada. Lo acompañó a la salida con la promesa de comunicarle su decisión en unos días. Pero en realidad, ya había tomado la decisión de contratarlo.

Cuando Ana volvió a su escritorio, decidió revisar las redes sociales de Nick. Después de todo, un currículum no te dice toda la historia. Primero revisó su perfil de Facebook. Las fotografías que encontró fueron un *shock*.

Ana se preguntó cómo era posible que en esta época la gente no se dé cuenta de que su presencia en las redes sociales es *exhibit B*.[4] Hace algunos años, tu vida personal no habría afectado una decisión de contratación, pero esos días ya pasaron. **CONSEJO: La línea que divide lo personal de lo profesional se ha desvanecido.** Si quieres postear fotografías cuestionables en tus redes sociales, será mejor que te asegures de que tus perfiles sean privados.

Después de revisar las redes de Nick, Ana se preguntó: "¿Puedo contratar a un sujeto así?" Tal vez pienses que no debería juzgar la vida personal de otra persona. Incluso puede que te moleste leer esto y sientas temor por lo que has posteado (y que tu jefe puede ver). Bien. Deberías tenerlo. Y si tienes un empleo, si mencionas donde trabajas en tu perfil, entonces lo que postees puede ser percibido como representativo de la marca.

Así que, ¿Ana iba a contratar a Nick? ¿En realidad lo quería como representante de la marca? Ella decidió que la respuesta era no, pero pensó que sería justo revisar sus referencias, ya que la entrevista había estado tan bien. Para empezar, él mencionó varios nombres de directivos y gerentes

---

[4] *Exhibit B* es una obra de teatro que ha causado polémica por su contenido racista y degradante hacia la comunidad afroamericana. (Nota de la T.)

durante la conversación. Algo fácil de revisar, así que ella los llamó para preguntar sobre Nick, a quien se suponía que adoraban. Curioso, ninguno sabía quién era Nick. Una de sus referencias incluso decidió llamar a su supuesto antiguo empleado para que le recordara su relación laboral. Después de todo, dijo que trabajó de manera "directa" con ella "todo el tiempo". Bueno, ¡oh, sorpresa!, resulta que Nick no había hecho nada de lo que dijo. Así que ahora tenemos un mentiroso. Ana decidió que la evidencia contra la maravillosa entrevista de Nick era demasiada como para ignorarla.

Hay mucho que podemos aprender de Nick. Así funciona el mundo en la actualidad, y tienes dos opciones: o no publicas contenido cuestionable o haces tus cuentas privadas. En lo personal, creo que la opción más segura es no postear nada. Todos hemos visto muchos ejemplos famosos de celebridades que pensaron que algo era privado y de pronto está en internet. **CONSEJO: Si lo publicas, puede ser usado en tu contra.** Pero el segundo tema con Nick también es muy importante: no mientas sobre tu experiencia o tus contactos. Es muy tonto y pueden descubrirte con facilidad.

De acuerdo, me siento un poco mejor tras dejar salir eso. Sé que si sigues mis consejos, pasarás el proceso de entrevistas y obtendrás el trabajo de tus sueños. Pero antes de que te emociones por tu posible anotación, hay otras trampas esperando por ti en las oficinas.

Alguna vez George Bernard Shaw dijo: "El único gran problema en la comunicación es el lugar que ha tomado la ilusión". Pero lo que el señor Shaw olvidó mencionar es que la comunicación algunas veces se da cuando se usan todas las palabras incorrectas.

En un capítulo anterior escribí acerca de la importancia de conocer a los jugadores y cómo trabajar con cada personalidad. Pero tu jefe es un escenario por completo diferente. Nunca nadie te enseña cómo hablar con un jefe. Yo lo tuve que descubrir por mi cuenta. Pero he visto a mucha gente que no le llegó la información. Me da un poco de pena cuando escucho a alguien usando las palabras o tono incorrectos. Bueno, mentí... me da mucha pena.

Soy una persona muy directa y eso implica el riesgo de decir algo incorrecto a la persona incorrecta. De hecho, me pasa de vez en cuando. ¡Ay! ¡Soy humana! Pero con el paso de los años, y luego de convertirme en una publicista más experimentada, me di cuenta de que todos los mensajes, en especial los que van dirigidos a superiores, necesitan una estrategia. Hay más de una manera de llegar al punto y algunas son mejores que otras. Aquí hay algunos ejemplos de cómo comunicar el mismo mensaje de dos maneras; uno, por supuesto, está mal.

No digas: "Haré eso cuando tenga tiempo".

Di: "¿Puedes señalarme qué tiene prioridad en mi lista de cosas por hacer?"

No digas: "Eso no es parte de mi trabajo". **CONSEJO: Tu jefe quiere saber si te interesa que el negocio tenga éxito, sea o no parte de tu trabajo.**

Di: "Nunca he hecho eso, pero con gusto lo haré".

No digas: "Estoy muy cansado". (Recuerda, debes filtrar lo que le dices a tu jefe.)

Di: _____ (¡Nada! ¡No te quejes sobre estar cansado!)

No digas: "¡Estoy muy estresado y no creo que pueda con esto!". **CONSEJO: Siempre mantén la calma.** Habla con un amigo o un colega de confianza. Pero no compartas tu estrés con tu jefe. Él siempre debe creer que tienes todo bajo control.

Di: "Tengo muchas cosas en este momento, así que, ¿puedo terminar esto antes de tomar lo que me pide?" o "¿prefiere que detenga esto y me encargue primero de eso?"

No digas: "Eso no se puede". Descartar una idea antes de tener oportunidad de revisarla demuestra que eres cuadrado y flojo. Hay muy pocas cosas imposibles. De hecho, casi todo es posible. Puede que se necesite un esfuerzo extra y un presupuesto mayor, pero puede realizarse. Yo diría que es frecuente que cuando se dice que algo no es posible es porque no se quiere hacer. Una vez que agotes todas las opciones posibles puedes descartar una idea con seguridad.

Di: "Lo revisaré para ver qué podemos hacer".

No digas: "Ese no es mi problema". Holaaa, si tu jefe te está presentando un problema es porque quiere que lo resuelvas. Ve el lado bueno, te ofrece la oportunidad de hacer méritos extra. Así que, aprovecha la ocasión, échale una mano o un poco de tu cerebro y resuelve el problema.

Di: "Claro, yo me encargo con gusto".

No digas: "Tú nunca me pediste que hiciera eso".

Di: "Lo siento, no estaba al tanto de que debía hacer eso". De este modo, no asumes algo que no es tu culpa y consigues decir lo mismo sin usar la palabra endemoniada "Tú". **CONSEJO: Nunca le eches la culpa a tu jefe.**

No digas: "Le dejé un mensaje". Nadie revisa su buzón de voz tan rápido o tan a menudo como el *email*. Así que no puedes considerar un esfuerzo dejar un mensaje. Si algo es urgente, no dejes un mensaje. Yo enviaría un *email* primero y después haría una llamada si no tengo respuesta. Pero en general, esperar que alguien te devuelva la llamada es cosa de hace diez años y nunca pasará. Para que lo tengas presente, mandar un *email* no cuenta en tu lista de cosas por hacer.

Di: "He tratado de comunicarme con él por diversos medios y lo volveré a hacer dentro de poco".

No digas: "No lo sé". Decir que no sabes es como tirar la toalla. Debes ser y sonar más proactivo que eso.

Di: "Lo averiguaré lo más pronto posible". Claro, eso demuestra que no conoces la respuesta, pero al menos harás algo al respecto.

No digas: "Merezco un aumento" o "Llevo aquí dos años y creo que merezco un aumento". El tiempo no significa nada. Demuestra por qué mereces un aumento. A nadie le gusta una persona engreída.

Di: "Me gustaría compartirte mis logros de este año. Pienso que he crecido mucho en mi puesto y estoy listo para más responsabilidades".

No digas: "Me voy de vacaciones X día". No asumas que puedes tomarte libres los días que quieras. Pide permiso primero y después programa los días libres.

Di: "¿Está bien si me tomo los siguientes días libres? Si es así, me gustaría agendar mis vacaciones".

No te quejes: Hay mucho de qué quejarse en un trabajo. Ya sea que la cafetera se descompone con frecuencia o que tu cubículo es muy pequeño, al final del día, refunfuñar y quejarse no es productivo. Incluso si tu jefe no es el director o no es responsable, te juzgará por tus actos. Actuar como si fueras muy bueno para la oficina o merecieras más, puede resultar contraproducente. Tu jefe puede considerar las quejas como una señal de que no estás a gusto y quieres dejar tu puesto. Podría empezar a imaginar la vida sin tu presencia. No es un buen escenario. Es mejor quedarse con ese tipo de comentarios para ti mismo.

No seas socialmente estúpido: para no errar, y esto vale la pena repetirlo, revisa la política sobre redes sociales de tu compañía antes de publicar cualquier cosa. Y para mayor seguridad, no sigas ni agregues a tu jefe. Siempre deja que él lo haga primero. Cuando es al revés resulta extraño. Si se siguen el uno al otro, ten en mente que hay una línea muy delicada entre jefe-empleado y jefe-amigo. Y aunque tengan una conversación "fuera de la oficina", es importante que cuides tus palabras. También recuerda que él puede ver lo que escribes a otras personas o las fotos que publicas.

No dejes que tu lenguaje corporal hablé de más: no hay lugar para ojos volteados en la oficina. Si quieres hacerlo, vete al recreo de una primaria. Además, hablar o reír entre dientes son actitudes groseras e infantiles. Ten cuidado con lo que tu cuerpo hace cuando tu cabeza no piensa.

No des órdenes a tus colegas: alguna vez tu jefe puede pedirte que hagas su trabajo sucio. "¿Puedes decirle a X que entregue el reporte?" Acepta si no estás al mismo nivel que el empleado, pero si lo estás, no puedes darle órdenes a menos que quieras que te odie.

Di: que no te sientes cómodo dando órdenes al empleado X y tú sabes que a él le gustaría más oírlo directamente del jefe. Eso también le demuestra que entiendes la jerarquía y no quieres pasar por encima de nadie.

¿Ves las diferencias al hablar? Con sólo cambiar las palabras o el tono evitas metidas de pata con tu jefe. Sólo son unos ejemplos clave, ahora aplicar los mismos principios a cualquier situación con tus superiores. Estos consejos también operan para cualquier ejecutivo en una compañía. No puedes decir siempre lo que tienes en mente; considera a tu audiencia. ¡Ah! P. D. Por lo general tu audiencia no lo quiere escuchar.

¿Puedes decir que estoy muy interesada en asegurarme de que nadie cometa estos errores de nuevo? Los ejemplos me molestan porque no tienen nada que ver con talento o habilidad. Son faltas que no debes cometer a mitad de un juego con altas probabilidades de ganar. Son un desperdicio e innecesarias. Las acciones y las palabras tienen consecuencias. No quedes fuera del juego antes de tener la oportunidad de jugar.

TERCERA PARTE

Domina las redes sociales

CAPÍTULO ONCE

La creación de DKNY PR GIRL y el medio millón de seguidores

Es difícil recordar mi vida antes de las redes sociales, pero regresemos un poco en el tiempo. Era 2009 y *Chica indiscreta (Gossip Girl)* estaba en su tercera temporada. Como neoyorquina, no pude resistirme a las vidas desbordantes y escandalosas de esos ricos preparatorianos de Upper East Side, y al parecer no estaba sola. De hecho, lo tenía que ver en vivo porque me chocaba que la gente hablara del capítulo al día siguiente y me lo arruinara todo.

La narradora anónima del programa era la *Chica indiscreta*, personaje que el público sólo conocía por su voz. Esparcía sus rumores por mensaje de texto a sus múltiples suscriptores, que eran los personajes principales del programa. Siempre andaba causando problemas y la gente temía estar bajo su radar. El misterio de su identidad le añadió un nivel de intriga al programa. Pero más allá del drama de la serie, me encantaba la moda, y en específico, el diseño de peinado que proyectaban. Era asombroso. También por esa razón lo veía, siempre trataba de identificar qué diseñador mostraban. El vestuarista de *Chica indiscreta,* Eric Daman, trabajaba de manera directa con todas las casas de diseño. A la gente le importaba lo que los personajes usaban y era una forma grandiosa de que las marcas generaran publicidad y algo significativo para la prensa. (De hecho, con el tiempo, mi admiración por el ojo de Eric nos llevó a una colaboración: diseñó una colección de medias para DKNY).

Un día en el trabajo, estábamos en nuestra típica junta de RP y *marketing* cuando alguien sacó a relucir el tema de las redes sociales, sobre todo Twitter y Facebook. Estábamos contemplando cómo y cuándo nos embarcaríamos en estos nuevos medios de comunicación. No fue mi idea hablar de eso, de hecho no tenía Facebook y ni siquiera había oído hablar de Twitter. Pero siempre me emociona una idea nueva.

Conforme jugábamos con la idea de cómo manejar las redes sociales, un colega comentó la idea de la "tonalidad", o cómo nos comunicaríamos en cada plataforma. Fue fácil decidir que las voces de las marcas Donna Karan New York y DKNY se transmitirían en páginas de Facebook separadas. Pero cómo entendíamos Twitter era diferente. Se prestaba más para un compromiso real y una conversación, no sólo presentación. **CONSEJO: Se le llaman redes sociales por una razón. La respuesta lo es todo.**

Al escuchar a todos discutir sobre cómo presentar las marcas en estas plataformas, de repente tuve la respuesta: las relaciones públicas por sí mismas proporcionaban el contenido perfecto. Seguro sería un punto de vista interesante para adentrarse al mundo de las marcas Donna Karan New York y DKNY. Es decir, trabajamos con editores de moda, producimos pasarelas y vestimos a celebridades, entre otras cosas, y seguro todo esto se percibiría como algo glamoroso. La gente disfrutaría ser la mosca en nuestro muro. Por todo lo anterior, sugerí que RP fuera el filtro para compartir nuestro contenido de Twitter. La siguiente pregunta lógica fue: "¿Quién sería la voz?". En ese instante mi mente reflexionó en *Chica indiscreta* y cómo su "máscara" tímida y misteriosa era un concepto fantástico. Pensé: "¿Qué pasaría si tomáramos la idea de *Gossip Girl* y le pusiéramos un giro de RP?". Podría ser un personaje inventado que cuenta la historia de la marca, y nadie tendría que saber quién es. Y me encantaba la idea de usar la palabra "chica", porque era más atractiva que "mujer". "Chica" es amigable y accesible. ¡CHICA DE RP DE DKNY sonaba muy bien! En inglés era DKNY PR GIRL, que es como lo mencionaré a partir de ahora. **CONSEJO: La accesibilidad da paso a la conversación.**

Se decidió que yo sería la única en tuitear, porque de esa manera el contenido estaría más controlado. Aunque éramos una de las primeras marcas de moda en el espacio de las redes sociales (sin ningún ejemplo a seguir), sabíamos la importancia de que la persona que manejara el Twitter fuera responsable. Esto significaba que ninguno de nosotros quería que una asistente se hiciera cargo de la cuenta un sábado en la noche. Podía alocarse de manera salvaje. Eso sucede. Hemos escuchado historias de terror, incluso de directores ejecutivos que tuitean cosas inapropiadas. Además, yo era ejecutiva de RP y como tal, tenía claro qué decir y qué no decir. **CONSEJO: Filtra lo que dices en las redes sociales. Nunca sabes a quién podrías ofender.**

Empezó la aventura. Tenía tanto contenido que compartir. O sea, ¿quién no quiere escuchar cómo la CelebX se negó a sentarse junto a la CelebY en la pasarela de moda porque la CelebY es estrella de un *reality show* y la CelebX es una aclamada actriz de verdad? (Obvio, no se le puede culpar.) O quizá nuestros seguidores de Twitter estarían interesados en la CelebZ que se acaba de hacer un "facial de pompa" (sí, dije "facial de pompa") y no tuvo ni tantita vergüenza para desvestirse frente a mí y mostrármelo. Sí, yo diría que había mucho que contar, todo de manera anónima, claro. **CONSEJO: El anonimato sólo puede llegar hasta cierto punto. No arriesgues relaciones por contenido.**

Por amor a la brevedad, el nombre del usuario de Twitter sería sólo @dkny, no DKNY PR GIRL. Usaríamos DKNY PR GIRL como el nombre de usuario. No pusimos @donnakaran a propósito, porque no queríamos que la gente pensara que la propia Donna Karan estaba tuiteando. Eso habría sido poco ingenioso, además sentíamos que la apertura y la honestidad eran la manera de ir por las redes sociales.

Entonces, ¿quién era esta DKNY PR GIRL? Bueno, era un personaje por completo ficticio. Inventamos todos sus gustos, disgustos, pasatiempos, rutinas de ejercicio y lugares que frecuentaba. Vivía en el centro en Tribeca y tomaba té verde, al igual que Donna. Era una yogui y le gustaban las bandas de música indie. En definitiva no era de Upper East Side, como la chica indiscreta, pero no importaba. Era nuestra versión de *Chica indiscreta* y era marca-perfecta.

Para su imagen, nuestro diseñador tomó mi foto de mi página de Facebook (sin mi consentimiento) y me sorprendió con una versión muy estilizada de mí misma. **CONSEJO: La foto de tu perfil y biografía en las redes sociales son como tu currículum. No los dejes en blanco.** Para cuando acabó con ella, tenía unas piernas larguísimas (no como mis tronquitos) y una figura muy esbelta. En conclusión: era una típica ilustración de moda. Tomé ese esbozo y lo subí a @dkny, la cuenta de Twitter que habíamos hecho, y luego se me ocurrió la siguiente biografía:

Soy tu informante del mundo de la moda. Estoy bien colocada dentro de Donna Karan New York y DKNY. Te llevaré en exclusiva tras bambalinas y te contaré cómo vive una chica de relaciones públicas en Nueva York.

Fui muy consciente de agregar esa última parte: "y te contaré cómo vive una chica de relaciones públicas en Nueva York". En verdad quería que nuestros seguidores sintieran toda la vida de DKNY PR GIRL, no sólo lo que sucedía durante su jornada de trabajo.

¡Ya estaba todo! Nombre de usuario de Twitter, listo. Avatar, listo. Nombre, listo. Biografía, lista. ¿Ahora qué? Ah, sí, un pequeño detalle: no sabía cómo tuitear. Ni siquiera sabía en realidad qué era Twitter. ¿Ya notaron cómo siempre me encuentro en situaciones donde me tengo que enseñar a mí misma qué hacer? Así que eso hice. La única manera real de aprender a usar Twitter era tuiteando. Aprendí viendo a otras personas. Había algunas reglas básicas que tenía que descifrar, pero en esencia era aprender a escribir en términos resumidos. ¿Qué tan difícil podría ser? **CONSEJO: Tuitear es cuestión de prueba y ensayo. Pon atención a los tuits que generan respuesta y olvida los que no.**

Mi primer tuit como DKNY PR GIRL fue el 8 de mayo de 2009: "Fashionistas, ¡bienvenidos a su asiento de primera fila! DKNY PR GIRL ahora está en escena de manera oficial…"

No es el mejor tuit de mi vida, pero lo primero de cualquier cosa rara vez impresiona mucho. Se fue haciendo más fácil con el tiempo. Lo más impactante era descubrir cómo la gente estaba ahí afuera, lista para responder. Parecía como un universo alternativo secreto. Se volvió adictivo muy pronto. Siendo honesta, empecé a sentir como si fuera mi esposo. Era la última persona con la que hablaba antes de dormir y la primera al despertar.

Nunca olvidaré cómo mi verdadero esposo, David, se burlaba de mí cuando apenas empezaba a tuitear. Un día, mientras checaba mi cronología, dijo en forma de broma (¡pero con un tono un poco sarcástico!):

—¡Oh! ¿Estás hablando con tus amigos falsos de nuevo?

—No son falsos —argumenté—. Son reales y sé mucho sobre varios de ellos.

No comprendía el encanto, no entendía por qué estaba "perdiendo" mi tiempo tuiteando con gente que consideraba por completo extraña. Por más que intentaba hacerlo entender, no podía. Tampoco lo culpo. Hablar con extraños por todo el mundo no era lo más típico, pero le expliqué que era mi trabajo… Hasta que me di cuenta de que, en realidad, nadie me decía que tenía que tuitear en las noches, después del trabajo o los fines de semana. Yo me sentía obligada a seguir con la conversación.

Así que entraba y salía de Twitter de forma constante mientras hacía mi trabajo "real" como vicepresidenta *senior* de comunicaciones globales para la compañía. Integré Twitter a mi vida y me encantaba. Aún me encanta. Se forma una especie de sentimiento de comunidad y pertenencia. Me gusta la idea de conectar con la gente y compartir intereses en común, por ejemplo, ver *Scandal* juntos y tuitear en vivo nuestros comentarios. Empiezas a sentir que estás en un enorme sillón virtual. Es como un mundo secreto que la gente sólo entiende hasta que lo vive. Difícil de explicar a los "fuereños".

Hago las cosas sobre la marcha, así que era importante expresar mis pensamientos en tiempo real. Nunca planeaba mis temas de antemano. Me sentía más cómoda posteando desde mis impulsos. Nada de calendarios de contenido, ni de horarios. Cada tuit era, y sigue siendo, espontáneo. Tuve suerte de que las autoridades encargadas confiaran lo suficiente en mi juicio y de no necesitar una aprobación previa de mis tuits. Claro que leían lo que posteaba cuando ya estaba hecho, pero la libertad de publicar sobre cualquier cosa hizo que se volviera una conversación muy natural y abierta.

Como Twitter era más o menos nuevo (entonces muy pocas marcas de moda estaban dentro) no tenía nada de experiencia en la plataforma. No sabía que la gente contestaba tan rápido y tan seguido. La cantidad de personas que respondían los tuits de @dkny se incrementaron a una velocidad increíble. Una semana teníamos 210 seguidores, la siguiente 10 000. DKNY PR GIRL creó una nueva forma de comunicación de marca y ni siquiera lo sabíamos. Los seguidores del usuario de Twitter crecieron de manera exponencial a partir de ahí.

Entre más tuiteaba, más respuestas tenía @dkny. Publicaba demasiado, en ocasiones hasta sesenta veces al día. ¡En verdad era como una plática! Me encantaban las conversaciones instantáneas. Era global, las 24 horas del día, todos los días. Probaba tuits diferentes para evaluar el compromiso. ¿Qué recibiría más respuestas? ¿Un tuit sobre un suceso al que asistí o uno sobre un nuevo par de zapatos a la moda? Conforme pasaban las semanas, me di cuenta de que entre más personales eran mis posts, más se enganchaba la gente. Un tuit como "Papas fritas a la diabla de lunch, no puedo negarme, tampoco el EditorX" generaba más respuesta que algo sobre una bolsa de última moda en las tiendas. Estudiaba el ritmo y las reacciones e intentaba seguir la conversación durante el día. Pero nunca posteaba algo sólo porque sí. Tenía que sentirlo. **CONSEJO: Ten cuidado de no tuitear demasiado de manera consecutiva o terminarás perturbando a tus seguidores.**

DKNY PR GIRL se convirtió en amiga de quienes la seguían porque les encantaba espiar lo que hacíamos. Era delicioso, muy llamativo y para conocedores. Y yo hacía todo este trabajo aparte del verdadero, pero amaba cada minuto.

La verdad es que la idea de una marca de moda con personalidad social, además de la del diseñador, nunca antes había existido, seguro no más allá de la página de internet de una compañía o de un catálogo. Las redes sociales cambiaron eso. El "gerente de comunidad" (*Comunity manager*) era un papel que apenas se empezaba a desarrollar. Obvio, la gente de RP siempre estaba detrás de la escena. Pero el papel de esta gente antes de las redes sociales se limitaba a las ruedas de prensa y declaraciones de compañía De hecho, eran el guardián de la declaración. Siempre eran los mensajeros, no la atracción principal. Y cuando los reporteros llamaban para hacer preguntas, más valía que la respuesta de la marca estuviera planeada con cuidado. Los tuits improvisados no eran parte de la descripción laboral.

Pero todo eso se fue por la ventana con la idea de que alguien estaba posteando de forma social todo el día para el público. Incluso para mí, esto no era un concepto fácil de entender. La primera vez que alguien uso un tuit mío como una cita para su artículo me impresionó mucho. Casi fue un momento de realización, porque nunca consideré que un tuit pudiera ser una afirmación oficial para una compañía. Pero claro que lo era.

Nunca olvidaré que en 2011 una cobra se escapó del Zoológico de Bronx en Nueva York. Alguien creó con audacia un nombre de usuario de Twitter para la cobra, se llamaba @BronxZoosCobra. Los tuits de la cobra eran muy graciosos y le agregaba una "s" extra al final de cada palabra para simular el siseo. En el fondo sigo siendo una niña de diez años y me enamoré al instante de la idea de la cobra tuiteadora, así que brinqué a la primera oportunidad para tuitearla. No pensé mucho en eso hasta que una importante fuente de noticias incluyó el tuit de DKNY PR GIRL en una historia sobre el usuario de la cobra en Twitter. (Oh, espera, ¿eso era una declaración de la compañía? ¿Hablarle a la cobra falsa?) Como sea, entienden el punto. De repente un tuit ya no era sólo un tuit, era un comentario "para la historia", lo quisiéramos o no. **CONSEJO: Si te sientes incómodo al publicar algo, no lo postees.**

La vida en Twitter siguió y me fui metiendo más y más a las redes sociales. Si iba a una exhibición de moda, tuitear era fácil porque DKNY PR GIRL sólo estaría ahí "cubriendo" como lo haría un periodista. Si estaba en la oficina, también había un montón de cosas de qué hablar. Podía ser sobre la preparación de un show de moda o acerca de la CelebX (a quien estaba tratando de vestir). Cualquier cosa que sucediera, incluso actividades rutinarias de oficina, eran contenido. Por ejemplo:

Acabo de regresar de una junta de dos horas para encontrar una bandeja de entrada infernal. Por favor, díganme que no estoy sola.

Hoy pizza de lunch porque es viernes y me lo merezco.

Las 3 p.m. y sigo pegada a la computadora ¿Alguien quiere un café?

La gente veía tuits como éstos y se identificaba de inmediato. La realidad es que cuando escribes algo que a muchos les suena, tienden más a contestar. **CONSEJO: No todos los tuits deben incluir una imagen o un *link*, y entre más corto sea, más respuestas recibe.**

Pero llegaba el sábado por la mañana y no sabía qué decir. En realidad estaba en el supermercado con mis hijos, pero ¿también DKNY PR GIRL iba al supermercado? ¿Podría hablar de una actividad tan mundana, algo que no tenía nada que ver con la moda o con su trabajo? Mi instinto me dijo que no, así que en lugar de eso tuiteaba algo más. Por ejemplo:

Acabo de tomar la mejor clase de *hot yoga*. Ahora muero de hambre. #Problemasdeejercicio

Lo cual era mucho mejor que:

No puedo creer qué larga está la fila del supermercado de Fairway.

En general no me costaba trabajo pensar en cosas que decir en DKNY PR GIRL, porque dentro de mi mente su mundo era muy claro. Lo difícil era escribirlo de una forma que pareciera auténtica. Era complicado porque en realidad no estaba en una clase de *hot yoga* (ah, por cierto, nunca lo he hecho en mi vida). De manera natural, tiendo a ser auténtica y este juego de pretensión no me parecía apropiado. Trataba de compensarme con la idea de que no me sentía del todo cómoda porque *no era yo*. Obvio.

Entre más tuiteaba, se volvía más difícil jugar el papel de DKNY PR GIRL. La gente respondía con preguntas que me obligaban a ir más y más profundo en la conversación. Por ejemplo, si escribía: "Adoro mi paseo de otoño en SoHo #IloveNY", alguien decía: "¿En qué calle estás?" No es que no pudiera pretender estar en West Broadway, pero se sentía tan falso. Además, ¡ay, Dios!, ¿qué tal si ese seguidor "también" estaba en West Broadway? En verdad, empecé a sentirme incómoda y esquizofrénica.

El problema era que las personas no entendían (o no les importaba) que DKNY PR GIRL era un personaje ficticio. Y claro, ¿por qué habrían de hacerlo? Después de todo, aquí estaba una persona real tuiteándoles de vuelta, contestando sus preguntas. Además, no eran estúpidas, sabían que había una persona tuiteando de parte de @dkny todo el tiempo. Muy pronto supieron reconocer mi personalidad y mi voz. La increíble estrategia creada para Twitter ya no estaba funcionando como la habíamos planeado.

Fui con Patti, mi jefa de mucho tiempo, para discutir la posibilidad de alterarlo. Entendió mi conflicto y lo difícil que era manejar mi alter ego. Decidimos que tuitearía mi propia vida de manera anónima como DKNY PR GIRL. Así no tenía que decir que hacía algo que no era verdad. Sólo no revelaría mi verdadera identidad ni tuitearía sobre cosas personales como mi esposo o hijos.

Para 2011, la comunidad de @dkny había crecido de manera orgánica a casi 380 000 seguidores. Algunos de ellos (cercanos a mí) sabían que yo era DKNY PR GIRL, pero todos mantenían el secreto. La parte más complicada era ir a las exhibiciones de moda. Para entonces, ya muchas marcas se habían unido a las redes sociales, así que si alguien estaba en ese mismo lugar, y también en Twitter, sabían que DKNY PR GIRL era una persona en ese lugar. Para seguir encubierta, tuiteaba en el baño o bajo la mesa para mantenerme alejada de la vista. También debía asegurarme de no revelar lo que traía puesto por miedo a que me descubrieran. Piensen en lo irónico de la situación: ¡aquí estaba yo, una publicista de moda, tratando de NO mostrar mi *outfit*!

Twitter se volvió automático, pero había otras plataformas, como Tumblr, a las que otras marcas se estaban uniendo. Un día, un amigo de Twitter me escribió: "@dkny, ¿por qué no empiezas un blog?"

Contesté con algo breve como: "¿Un blog? ¡Ya tengo bastante que hacer durante el día en mi trabajo, sin mencionar a Twitter!" Pero su tuit atrajo la atención y de repente la gente estaba animando la idea. Era abrumador. ¿Un blog? Tenía un trabajo de tiempo completo como RP y además había aceptado tuitear las 24 horas todos los días. Aunque en forma técnica Twitter sólo era un trabajo complementario, también consumía muchísimo tiempo. No sabía en qué momento encontraría tiempo para un blog, pero la idea de más lugares en donde jugar me llamaba mucho la atención. El hecho de pensar en escribir con amplitud era emocionante. **CONSEJO: Antes de empezar un blog, determina cuál será tu propósito, punto de vista y mantén ese filtro.**

Así, tomamos la decisión de construir dknyprgirl.com en Tumblr con el eslogan "Cuando 140 caracteres no son suficientes". Cuando me reuní con la gente de Tumblr y les dije que quería escribir de manera extensa, me dijeron que a las personas no les gusta ese formato, que lo que quieren son imágenes hermosas. Aunque planeaba postear imágenes hermosas, en definitiva quería usar la plataforma para escribir. Así que los ignoré. Mis publicaciones variaban desde los principios de las relaciones públicas hasta la moda más intensa y las citas que me encantaban. En realidad, eran de cualquier cosa que deseara escribir. Me divertía escribir y luego usar Twitter para poner las publicaciones "ahí afuera". Mi estrategia era escribir en Tumblr y platicar al respecto en Twitter. Funcionó. **CONSEJO: Si no tienes otra plataforma social para atraer a tu blog, apégate al contenido que funcione mejor.**

Conforme pasaba el tiempo, entre Twitter y Tumblr, DKNY PR GIRL se volvió una personalidad popular en línea. Al igual que chica indiscreta, era una figura social constante, siempre ahí con un chisme local o lista para un programa de premios y tuitear en vivo. Era amiga de todos y la gente en verdad sentía que la conocían.

Pero conforme el número de seguidores crecía, los clientes y otras personas con las que trabajamos comenzaron a sentir *demasiada* curiosidad respecto a quién era la persona detrás de DKNY PR GIRL. Por ejemplo, nuestro equipo de ventas asistía a una tienda departamental y de repente, alguien detenía todo y preguntaba: "¿Quién es DKNY PR GIRL? ¡Nos tienen que decir!" La gente de ventas no se atrevía a decir una palabra. En un mundo en el que es difícil mantener un secreto, nadie soltó nada (algo bastante sorprendente, de hecho). Puede que durante dos años, haya sido el secreto mejor guardado en la historia de la moda. Me encantaba ser DKNY PR GIRL, incluso de manera anónima, pero en verdad era muy difícil que no me descubrieran.

CAPÍTULO DOCE

Revelar el mayor secreto sobre moda de Twitter

Un día en la oficina sonó mi teléfono. Era un editor de la revista *Teen Vogue*. Hablaba porque se aproximaba su convención universitaria de moda, suceso al que invitan a estudiantes de todas partes del mundo a escuchar a los diseñadores más exitosos en la industria de la moda. Estaban haciendo un panel sobre redes sociales y querían que participara DKNY PR GIRL.

Fui a hablar con Patti para ver qué pensaba. Le dije que en verdad quería hablar en el panel, pero no sabía cómo. Antes había recibido muchas llamadas como la de *Teen Vogue*, pero en realidad ninguna de ellas me había movido a revelar mi identidad. Ésta era diferente. Quizá porque involucraba estudiantes y siempre he sentido mucha pasión respecto a ser mentora, o tal vez porque ya estaba cansada de tener una identidad secreta. A lo mejor, la respuesta era un poco de ambas.

Decidimos que lo meditaríamos con nuestra almohada y que ella lo discutiría con las autoridades pertinentes.

Esa misma semana, un productor nos lanzó la idea de hacer una serie en línea sobre la Semana de la Moda. Con la aparición de la era digital, las marcas estaban, y siguen estando, en búsqueda constante de nuevos contenidos. Así que hicimos una lluvia de ideas y pensamos que una mirada detrás de cámaras de la Semana de la Moda sería una historia cautivadora. La gente que seguía a @dkny en Twitter sabía lo que sucede desde la perspectiva de una RP, pero observar lo que registra la cámara, sería una experiencia muy interesante.

Estábamos produciendo tres *shows* para la Semana de la Moda en Nueva York: uno para hombres de DKNY, uno para mujeres de DKNY y otro de Donna Karan New York, todo esto mientras nos perseguían las cámaras. Una cosa es ser actriz, donde todo tu trabajo se basa en actuar un papel y otra cosa por completo diferente es tener que hacer un trabajo real mientras las cámaras revolotean a tu alrededor y van documentando cada movimiento que haces.

Nunca olvidaré lo que pasó en el *show* de Donna Karan New York. Cuando necesitas agregar el nombre de un invitado o su etiqueta de afiliación al plan de asientos, por lo general significa mover varios más para hacer suficiente espacio (ya que cada compañía se sienta como un equipo). A veces mueves varias etiquetas y te olvidas por completo de lo que intentabas hacer, por lo que tienes que ir de regreso para deshacer el daño. Así que imagínense la locura cuando hicimos movidas complicadas que involucraban múltiples etiquetas y un productor decía: "Eso estuvo increíble, pero ¿lo podrían volver a hacer?" ¿Es broma? No, no lo puedo hacer de nuevo, ¡apenas y pude hacerlo una vez! Teníamos que hacer trabajos difíciles y, para ser honesta, las cámaras hacían que todo fuera mucho más complicado.

Filmamos todo el día por cuatro días. Aunque a veces parecía en verdad agotador y frustrante, había montones de celebridades atendiendo y momentos geniales que cubrir. Estábamos seguros de que obtendríamos una gran cantidad de contenido increíble para llenar los episodios en línea de veintitrés minutos.

Unos días después de los *shows*, recibí el primer episodio en línea del productor. Era el segmento de los "asientos del *show*" cortado en una porción de tres minutos. Estaba ansiosa por verlo. Conforme avanzaba el clip, mi emoción se convirtió en aburrimiento. Era doloroso verlo, como si tuvieras un mal corte de pelo que crece despacio. No lo podía creer. Allí andaba yo, pensando que lucíamos muy dinámicos mientras se filmaba… ¡y resultó lo contrario! Era demasiado plano. No quería ver ni un episodio en línea… mucho menos más de veinte. **CONSEJO: Cuando se trata de contenido en línea, si tú no lo quieres ver, nadie más lo hará.**

Me dirigí a la oficina de Patti para enseñarle el metraje y saber si sentía lo mismo que yo. Se lo pasamos a otras personas del equipo y todos estaban de acuerdo en que no tenía la suficiente energía. Sospechábamos que ninguno de los otros cortos la tendrían y costaría mucho dinero averiguarlo. Decidimos que no valía la pena. Pero ahora la pregunta era: ¿Cómo hacer la limonada con esos limones? La producción había costado algunos centavos y parecía una pérdida tirar todo así nada más.

Mientras estábamos en la lluvia de ideas sobre cómo salvar el proyecto en video, *Teen Vogue* volvió a llamar para averiguar si DKNY PR GIRL estaría dispuesta a hablar en la conferencia. ¿En verdad me iba a subir al escenario y revelarme como la persona detrás del usuario de Twitter? Después de dos años de anonimato eso se escuchaba muy decepcionante.

¡Pero entonces nos llegó! Podríamos usar parte del mejor metraje para crear un corto sencillo y elevado (o un demo, como lo llaman a veces). Entonces, hacer un anuncio de DKNY PR GIRL previo a la conferencia de *Teen Vogue*. ¡Matábamos dos pájaros de un tiro!

Llamé a la productora para explicarle la nueva dirección que tomaría el proyecto y que debía hacer la edición rápido para convertirlo en un demo antes de la conferencia de *Teen Vogue* del domingo. La productora dijo que tendría el metraje final para el viernes en la mañana. Esto significaba que podría limpiarlo de forma interna el viernes en la tarde y terminarlo el sábado en la mañana.

Pero este no es el tipo de cosas que aparecen en tu bandeja de entrada editadas de manera perfecta. De hecho, había mucho trabajo por hacer. Para empezar, necesitaba una narrativa, así que me metí al estudio a hacer las voces en *off*. Luego, me senté junto al editor para señalar todo lo que queríamos. Es muy complicado articular en palabras por qué algo no se siente del todo correcto, o por qué no pueden cortar de un punto de la película a otro (porque en la vida real no pasa de esa manera). Así que debía explicar mis instrucciones de forma muy clara.

Para el viernes al mediodía la obra era tan perfecta como se podía, dadas las circunstancias en que trabajábamos. Planeé subir el video a la página de YouTube de DKNY. Por desgracia, la persona que por lo general manejaba eso estaba fuera de la ciudad. ¡Pero que no cunda el pánico! Me dejó instrucciones visuales explícitas de cómo subir el material yo misma. Perfecto.

Cuando me desperté el sábado en la mañana, estaba súper nerviosa y emocionada. Acomodé con cuidado las instrucciones y procedí a bajar el archivo. Pero esperen, había cuatro archivos. HD tal y HD cual, todos con nombres diferentes. No sabía cuál era el de la edición final. Llamé en pánico a la productora e identificó el correcto. Pero no tan rápido: cuando abrí el "correcto", vi que había errores que ya se habían corregido. Le llamé de nuevo. Ahora sí estaba empezando a entrar en pánico. Además, había hecho planes con mi familia para ir ese día a checar un campamento fuera de la ciudad y salíamos en dos horas. Por fin descubrí cuál era "el archivo" y empecé el proceso para subirlo. **CONSEJO: Siempre revisa el contenido una última vez para asegurarte de que tienes el archivo correcto.**

"Tu archivo se terminará de subir en 2:53, en 3:45, en 2:42 horas". Cambiaba a cada rato, *¡¿Qué estaba sucediendo!? ¿Dos horas?* Volví a llamar a la productora, sin entender por qué no recibía un tiempo establecido para subir el archivo. Me explicó que como el archivo era de alta definición en realidad toma mucho tiempo para subirse. ¡¿Es broma?! Yo no contaba con ese tiempo. Tenía a mis hijos jalándome las piernas para irnos y no perder la cita del campamento. Seguía diciéndole a David: "Cinco minutos más", como si estuviera posponiendo la alarma de las mañanas.

"Tu archivo se ha cargado por completo", fueron las mejores palabras que he leído. ¡Por fin! Metí a todos al carro.

En el camino, saqué mi iPhone y entré a nuestra página de YouTube. "Falta plug-in" eran las palabras en la pantalla. ¿Plug-in? ¿Qué demonios significa eso? Me entró más pánico. Con la ayuda de una llamada de emergencia a una colega, me di cuenta de que no había escogido la opción de "móvil" en la página de ajustes. ¡Uff!

Hice los ajustes y al fin pude ver la imagen del video aparecer en la ventana asignada. El video estaba listo. Ahora sólo debía tuitear. Pero tenía miedo de las reacciones de los seguidores, de que se desilusionaran al ver el misterio resuelto. Temía que les disgustara que no tenía veinticinco años y no fuera soltera (por la forma en que me salía natural la voz) y en su lugar estuviera casada y con dos hijos. No quería que se decepcionaran.

Cuando al fin tuve el valor y le di clic a "enviar" en el tuit, ¡nos metimos al campamento y perdí toda señal en mi teléfono! Justo acababa de publicar el tuit más importante de mi carrera y todo se había quedado en silencio.

Estuve en el tour del campamento las siguientes tres horas sin la más mínima idea de lo que sucedía en la cronología del Twitter de @dkny. ¿Les habrá gustado el video? ¿Se habrán sorprendido? ¿Estarán decepcionados? ¿Desearían nunca haber sabido la verdadera identidad de DKNY PR GIRL? Mi mente iba a un kilómetro por minuto. Conforme caminábamos por el campus, escuchaba a distancia los comentarios del guía: "Y aquí está nuestra alberca". Debía contenerme para no gritar: "¡Ya sabemos que es una maldita alberca! ¡Ahora, apúrate!" Necesitaba salir de ahí y volver a tener esas rayas de recepción en mi teléfono. PUNTO.

Al fin se acabó el tour y todos se metieron de nuevo al carro. "¡Maneja!", ordené a David. Debía saber qué sucedía en mi teléfono. Mientras íbamos manejando más y más lejos del campamento, la señal de mi teléfono empezó a regresar. Llegó el momento de ver lo que había hecho. ¿Era el error más grande de mi carrera o no? Conforme empezaron a aparecer los tuits sentía que mi corazón se me salía del pecho.

Leía súper rápido conforme deslizaba hacia abajo las miles de respuestas a @dkny; poco a poco me relajé. La respuesta era emocionante. Las personas estaban impresionadas, pero no en mal sentido. Le daban la bienvenida a mi yo real con los brazos abiertos. Estaba sorprendida y muy feliz, entonces me di cuenta de que, en cierta forma, ya me conocían. Dos años de compromiso íntimo significaba que aunque no supieran mi nombre o conocieran mi cara, identificaban mi personalidad de arriba abajo. Sabían cómo era mi proceso de pensamiento y mi sentido del humor. La cara y el nombre reales no importaban, porque para ellos siempre fui real, sólo que yo no lo sabía.

Desde el punto de vista de un RP, las noticias de "la verdadera DKNY PR GIRL" estaban generando encabezados globales. Supongo que en realidad no me había dado cuenta de lo grande que era el secreto. La gente no podía creer que la persona que sonaba como una publicista novata en la gran ciudad era la vicepresidenta *senior* de comunicaciones globales de Donna Karan. Esa "chica de RP" en realidad era una ejecutiva de RP.

Al mirar atrás, mostrarme como la verdadera DKNY PR GIRL no era tan alarmante, porque mi vida era la suya y viceversa. Sí, me dio miedo que a las personas no les gustara la revelación del misterio. Al no saber quién era, podían imaginar lo que quisieran, pero al decirles mi verdadera identidad, les quité esa opción. Además, estaba sorprendidas de que estuviera casada y fuera madre. Lo entiendo. Pero para muchos otros, eso también fue una sorpresa bien recibida. Estaban felices de ver un balance entre vida y carrera.

Ahora que estaba expuesta, entendería que mi verdadera identidad se adjuntaba a cualquier cosa que posteara. Era importante olvidar eso porque no quería que influyera en lo que posteaba. Pero cuando mi nombre actual empezaba a aparecer en los tuits además de @dkny, siempre paraba por un segundo para digerir el hecho de que los seguidores de @dkny sabían quién era. Tuitear detrás de la escena me permitió, con certeza, tener mucho espacio para jugar, porque no daba la cara allá afuera. "Ella" daba la cara. Pero al revelar mi verdadera identidad solidificaba mi compromiso con el público de que no recibirían nada más que un artículo genuino de mi parte. Después de todo, ser "humano" en Twitter fue una de las razones por las que el uso de esta plataforma se hizo tan popular. **CONSEJO: La transparencia y la autenticidad son lo que rigen las redes sociales. La gente no sólo lo espera, lo exige.**

Desde 2011, estar al descubierto como la persona detrás de DKNY PR GIRL ha sido la experiencia más emocionante de mi carrera. Me permite tener la libertad y el honor de representar Donna Karan International en las conferencias y compartir en las redes sociales todo el conocimiento adquirido a lo largo de estos años de actividad. Me siento muy afortunada por la oportunidad de crear esta identidad social para Donna Karan New York y DKNY, dos marcas que adoro. Pero sin el increíble apoyo ejecutivo que me dieron, el éxito de DKNY PR GIRL no existiría. El factor autenticidad hizo que se generara atracción. La comunidad de Twitter de @dkny hoy en día está sobre el medio millón de seguidores. Pero quizá lo más importante es que DKNY PR GIRL preparó el camino para que muchas otras marcas fueran "humanas" en las redes sociales, un concepto que solía ser desconocido. Las redes sociales alguna vez fueron novedad y ahora son el pilar de la estrategia de comunicaciones de todas las marcas importantes. DKNY PR GIRL continúa dando a sus fans una visión local sobre los asombrosos mundos de Donna Karan New York y DKNY. De manera personal, mis amigos de Twitter me siguen inspirando día con día.

CAPÍTULO TRECE

Ser un conocedor social

¿Recuerdas cuando tenías que llamar a alguien por teléfono para compartir tu emoción por un *outfit* que acababas de comprar? Bueno, creo que todos agradecemos a las redes sociales darnos la oportunidad de compartir emociones, *outfits*, #selfies, pensamientos aleatorios y fotos de comidas preparadas de manera hermosa, etcétera. Pero lo más importante es que las redes sociales nos proporcionan la habilidad de conectar con la gente sin tener siquiera que pararnos del sillón o dejar la oficina. En esta época en que debemos sobresalir, eso es una gran ventaja.

No me malinterpreten, no importa lo grandiosas que me parezcan las redes sociales, nunca podrán remplazar el café con una persona ni las llamadas telefónicas. Pero eso sí, tienen un potencial increíble como red de contactos. La pregunta es: ¿son para cualquiera?

La gente tiene diferentes opiniones sobre las redes sociales. Algunas personas son adictas, otras no lo entienden y
creen que es una pérdida de tiempo, mientras algunas más
piensan que es la respuesta a todos los problemas publicitarios.

La cosa está así: llegaron para quedarse. Lo importante es
que cambiaron para siempre la manera en que la gente, las
compañías y los medios se comunican.

Las redes sociales pueden jugar un papel importante en
la generación, construcción y conciencia de marca, ya sea de
manera personal o profesional. No se puede negar el poder
de una estrategia de red de contactos global que "siempre
está moviéndose". La gente ansía tener conexiones sociales
y comprometerse durante horas en sus plataformas favoritas. Así que, si quieres construir tu propia red de contactos y
marca personal, ¿cómo evitar las redes sociales?

Conozco a muchas personas de alto perfil que se resistie-
ron a ellas cuando salieron a la escena de la moda en 2009.
Estaban más arriba de ellas, creían que no las necesitaban y
no tenían que molestarse al respecto. Ahora se preguntan qué
hacer para elevar al máximo sus perfiles sociales, porque ya se
dieron cuenta de la importancia para sus marcas personales.
Hace poco a un amigo se le ocurrió una idea brillante para
un libro. La lanzó y a la editorial le encantó. Pero la primera
pregunta que le hicieron fue:¿Cómo vas a promoverlo?

Contestó con un poco de sorpresa y molestia: "¿Yo? ¿No
es su trabajo?". ¿Sí?, pues ya no más.

Las redes sociales ayudan a convertir personas que pa-
recen comunes y corrientes en marcas personales. ¿Holaaa?
Estás leyendo las palabras de alguien que es producto de
Twitter. Ya sea que la gente se dé cuenta o no, lo que posteas

habla mucho sobre ti. Es algo bueno que puedes emplear de manera estratégica para construir tu propia reputación. Tu presencia social debería ser una versión bien conservada de ti mismo. De hecho, cuando publicamos, estamos eligiendo decirle a nuestros seguidores algo sobre nosotros mismos, aunque sea de manera sutil. Pero, más que colocarte en algún lugar, las redes sociales te permiten elaborar tu imagen de la misma manera que lo haría un estilista profesional.

Conforme te conviertes en un creador de contenido, piensas de modo diferente. Generas y editas tus pensamientos a nivel de vendedor. Te vuelve conciso, directo, consciente de cómo te sientes y qué piensas. Pensamientos como "¿Me gusta esto?" o "¡Ahh, qué bonito!" se amplifican en la mente de los conocedores sociales.

La gente en las redes sociales hiperexamina sus alrededores de manera constante. Algunos podrían argumentar que estamos tan ocupados sacando fotos y editando textos que no vivimos las experiencias a nuestro alrededor, pero estoy en total desacuerdo. Antes de las redes sociales, ¿crees que alguna vez contemplé el color de las hojas que cambian en el otoño o un plato preparado de manera espléndida en un restaurante? ¿El parpadeo de una vela o la manera en que se mueven las nubes a través del cielo azul? *Pues no*. Dirán lo que quieran sobre las redes sociales, pero hacen que quienes estamos en ellas percibamos el mundo de una manera en extremo sensible.

También te vuelven muy buen conocedor de lo que tu público quiere escuchar y lo que no. Aprendes qué espera y cómo cubrir esas expectativas.

No mentiré, de manera personal me inclino por Twitter. No es que no me encante escribir en un blog o publicar fotos divertidas en Instagram, me encanta, pero Twitter me ofrece comprometerme con gente alrededor del mundo en tiempo real. Es una comunidad en el sentido literal de la palabra. También me mantiene al tanto. Recibo todas las noticias en Twitter mucho más rápido que mediante algo impreso, incluso en un sitio de noticias en línea. Los expertos han argumentado que el contenido se pierde porque el volumen de los tuits es enorme y la cronología se mueve demasiado rápido. Es verdad, pero el mejor contenido siempre encuentra su lugar y su voz entre tus admiradores más fervientes. Si posteas y luego te conectas en tiempo real, Twitter es la experiencia más íntima de comunicación global que una marca pueda albergar.

Las redes sociales proporcionan un tablero de juego para que todos pongan su ficha. "¿Cómo estás?", se remplaza por "Yo siento". Han quitado el tiempo de espera de la expresión. Puedes hacer el primer movimiento y eso da poder. Estoy bastante segura de que el concepto de quedarte con algo en tu pecho es obsoleto. Ahora sólo escoges en qué plataforma quieres anunciarte. Pero antes de empezar, debes saber con qué estás lidiando. Como con todo lo demás, conoce las reglas de la casa antes de que entres pisoteando con tus zapatos lodosos. Con los años, he aprendido lo que significa estar inmersa en las redes sociales. Pero para que quede claro, no es sólo un poco aquí y allá, sino todo el día, todos los días. Aquí tienes cómo ser un buen invitado en el mundo de las redes sociales. Recuerda, cuando estás en una fiesta así de grande, más vale que uses tus buenos modales. Tu marca personal depende de ti.

¡Hazlo! Sé un conocedor social

1. Encuentra las plataformas en que te sientas cómodo. Si no puedes estar en todos lados, mejor empieza con algo pequeño y estratégico. No debes forzarlo. No necesitas ser omnipresente, tampoco tu marca personal o profesional. Domina una o dos plataformas primero y crece a partir de ahí. Planea tu estrategia basándote en el contenido que tienes para trabajar. Por ejemplo, si no cuentas con herramientas visuales muy efectivas, quizá debas saltarte Instagram hasta que estés preparado.

2. Si no tienes nada bueno para postear, no lo hagas. Todos te van a decir que ser consistente en las redes sociales lo es todo. "Todos" dicen que hay que publicar con regularidad y tener un horario. Yo nunca he seguido esa regla; así me muevo. No hago borradores de mis posts y no tengo un calendario de contenido. Todo lo que posteo es porque lo pensé en ese segundo. Si me dan ganas de tuitear con gente cincuenta veces al día, lo haré. Pero como dije antes, entre más posts de calidad saques, más respuesta tendrás. **CONSEJO: Postear y responder a tus seguidores por lo general hará crezcan en número. Empezada la conversación, debes continuarla. La frase de "Si no te veo, no te siento" aplica bastante aquí.**

   Si postear al momento no es algo factible para ti, entonces sí maneja un calendario de contenido que te permita controlar tus mensajes. Por ejemplo, si sabes que los miércoles en la noche estás disponible para responder, entonces ¿por qué no planeas publicar los miércoles en la noche para estar al tanto de la retroalimentación? No me gusta la idea de postear algo importante y tener que correr. Para mí, es como poner un pastel en el horno y luego salir de la casa. Tienes que asegurarte de que no se queme.

3. ¿Cómo sabes qué postear en cada sitio? A veces tienes una foto encantadora y a veces una imagen que no es muy bonita pero que sirve para respaldar un pensamiento. Mientras una imagen increíble puede funcionar en cualquier plataforma, otra no tan buena quedará mejor en Twitter porque representa momentos fugaces. Yo siempre me pregunto: "¿Quiero volver a ver esta imagen?" Si la respuesta es no, entonces sólo va a Twitter. Si la respuesta es sí, escojo Tumblr o Instagram. ¿Cómo sabes en cuál de estas plataformas publicarla? Fácil: ¿si cortas la imagen en un cuadro para Instagram la arruinas? Si es así, entonces opta por Tumblr, donde la imagen puede ser mostrada en formato completo. ¡Claro que también puedes optar por ambas! Facebook es un lugar que yo reservo para los momentos cruciales. No comparto muchas cosas en esta plataforma, pero eso es sólo mi preferencia personal. En concreto, postea donde te sientas más cómodo y feliz. **CONSEJO: Si postear en una plataforma se empieza a sentir como algo obligatorio, entonces no lo hagas.**

4. Escucha antes de hablar. Cuando eres niño, te dicen que pienses antes de hablar, pero en las redes sociales necesitas escuchar (mejor dicho LEER). Es muy importante saber de qué trata la conversación antes de que participes. Por ejemplo, quizá veas un post que en realidad es el tercer comentario en el hilo de una conversación. Siempre es bueno revisar la plática desde el principio para tener idea de qué se discute y de las

opiniones de todos. No quieres colarte de repente y mostrarles a todos que malentendiste la conversación ¿verdad?

5. Rasca la espalda de otras personas. Cuando no se te ocurre algo original que postear, ayuda a otros a sacar sus pensamientos. Darle voz a los posts de otras personas al comprtirlos es un buen gesto, y siempre se te regresa más y mejor. También es una manera genial de construir la base de tus seguidores. Te apuesto que si posteas un link al post de alguien más y los etiquetas, le darán retuit. A la gente le encanta la falsa modestia.

6. No seas un robot en tiempos de crisis nacional o mundial. Debes estar informado. Un ejemplo grandioso: la noche que mataron a Osama bin Laden (¿Holaaa? quizá la noticia más grande del mundo en la historia) había revistas de moda tuiteando cosas como: "Los 10 mejores brillos para labios de este verano". No seas cuadrado. Está muy bien programar posts de antemano si te funciona, pero dejar tu perfil sin actualizar puede ocasionar un escenario vergonzoso para ti o para tu marca. No hay nada peor que no saber lo que está pasando en el mundo real. En lo personal, creo que programar posts es la antítesis del propósito para el que las redes sociales fueron creadas. También odio los mensajes directos automáticos (DM). Si recibo un DM que dice "¡Gracias por seguirme! ¡También me puedes dar 'Me gusta' en Facebook!", casi me dan ganas de "Dejar de seguir" de inmediato.

7. Acéptate a ti mismo. No trates de engañar a tus seguidores pretendiendo que te invitaron a una fiesta cuando no fue así o presumiendo que eres amigo de alguien famoso sin serlo. No postees cosas que no te

pertenecen. Acéptate como eres. Tienes cualidades únicas que ofrecer al mundo y sólo necesitas averiguar cuáles son. Entre más honesto seas contigo mismo, más feliz te sentirás. Por ejemplo, si te encanta cocinar, comparte algunos consejos divertidos que te coloquen como un experto. Si te gusta quedarte en casa y ver películas, ¿por qué no convertirte en tu propio crítico de cine y postear tus comentarios? Hay muchas maneras de mostrar lo que vales. Dar algún tipo de servicio a tus seguidores es siempre una táctica maravillosa. Reglas de autenticidad.

8. No ruegues. ¿Ruegas por tener amigos en la vida real? Lo dudo. Entonces, ¿por qué habrías de rogar por amigos en línea? Postear "¡Sígueme!" es quizá la manera más fácil de alejar a la gente. La manera en que construyes una base de seguidores es el resultado de tres cosas: 1. poner contenido maravilloso, 2. contestar a la gente que te habla, y 3. contactar a otros de manera proactiva.

9. ¿La manera más fácil de empezar una conversación en línea? Pregúntale algo inteligente a una persona o hazle un cumplido sobre algo logrado hace poco tiempo. La gente nunca deja pasar la oportunidad de decir "¡Gracias!" porque les permite resaltar su logro sin presumirlo de manera directa.

10. Busca tu negocio. Para mi campo de trabajo, por lo general voy a la función de búsqueda en Twitter o cualquier otra plataforma de red social y busco palabras clave relacionadas con la industria de la moda. Un día busqué la palabra "zapatos" y me encontré con alguien que estaba buscando un nuevo par de zapatos negros pero que no tenía idea de qué comprar. En ese

momento decidí hacerle un tablero en Pinterest con nueve estilos diferentes de zapatos negros de DKNY. No sólo estaba sorprendida y encantada con que haya dedicado tiempo para hacer eso sólo por ella, sino que terminó comprando dos pares. Como individuo, tus seguidores también quieren ganar algo al seguirte. Si tienes grandes consejos, o un buen ojo para la moda como en este caso, ¿por qué no recomendar algo? Entre más hables de forma inteligente sobre un contenido, más posibilidades hay de que te conviertas en un experto en el tema.

11. Mantén lo "social" en las redes sociales. Obvio, se llaman redes sociales por una razón, ¿no es cierto? En verdad creo que entre más abierto y amigable seas con las personas que te hablan, más grande será tu comunidad. Si tienes aires de superioridad y te niegas a contestarle a la gente, créeme, alguien más terminará contestándole.

12. Juega limpio. La solidaridad entre marcas, incluso con la competencia, muestra que estás seguro y cómodo dentro de tu propio ámbito. Microsoft felicitó a Sony por el lanzamiento del PS4. A la semana siguiente, Sony le respondió el gesto de manera similar, cuando estaban listos para lanzar Xbox. Esto provocó que el público sintiera que las compañías y los ejecutivos de cada equipo eran amigos. Hizo que las dos marcas fueran más simpáticas. Lo mismo puede aplicarse para colegas en la industria. Está bien mostrarle al mundo que no compiten unos con otros. Te hace ver mucho más poderoso.

13. El contenido es el rey. A la gente le encanta usar esta frase. En realidad quiere decir que entre más

expongas tu marca, sin vender nada, mejor. Excepto en el domingo del Super Bowl, la gente aborrece ver los comerciales, así que no puedes bombardearla con anuncios o con contenido patrocinado en tus cronogramas. **CONSEJO: Espolvorea un poco de comercial muy de vez en cuando, pero el resto del tiempo, cuenta una buena historia.** ¿Cuál es la historia detrás de algo? ¿Cómo surgió tu marca? ¿Qué chismes chistosos o locos aprendiste en el camino? Hay muchas ideas que puedes llevar a cabo, piensa en cosas como "acceso total" o un "detrás de cámaras". El punto es generar un contenido interesante que realce, pero sin vender de manera descarada.

14. ¡Inspira! A la gente le encanta. Por eso las citas, ya sean motivacionales o inspiradoras, llegan muy lejos en los espacios sociales. Las frases así son casi garantía de que se van a retuitear, lo cual hará que tu público crezca de manera exponencial. Aunque hay mil maneras de encontrar citas en internet, creo que las mejores salen de ti en forma natural. Cualquier consejo puede volverse una cita tuiteable. Por ejemplo, una mañana me estaba vistiendo mientras mi hijo en el otro cuarto escuchaba la canción "La vida es una autopista", de la película de *Cars*. De inmediato pensé: "La vida no es una autopista, es una pasarela". Así que la posteé como mi propia cita. La gente reaccionó al tuit con comentarios como: "¡Sí!" o "Gracias por eso, ahora voy a limpiar mi clóset". El tuit motivó a la gente a pensar en cómo presentarse de diferente manera: la vida es monótona, pero eso no significa que tú tengas que serlo.

15. No aparezcas en cada pelea a la que se te invita. La gente tiende a ponerse un poco agresiva en línea.

Quizá tenga algo que ver con el hecho de que nadie se ve cara a cara. Además, no hay que olvidar a los *trolls* de internet (provocadores), cuyo único propósito es crear líos y molestar con el fin de causar una reacción emocional. Debes usar cada gramo de la fuerza en tu cuerpo para ignorarlos. Nadie gana en una pelea en línea. La gente se agrede por ambos lados y las cosas se ponen muy feas. No llegues a ese punto. No vale la pena y no vas a ganar. Y por el otro lado, no empieces un drama con un tuit que sea inflamable, porque se prenderá fuego, y ese incendio no es fácil de apagar. Respecto a los asuntos políticos, religiosos o raciales, siempre pisa con cuidado, o mejor aún, no los toques. Estos temas sacan una serie de sentimientos y son un hervidero de tensión. También es sabio no postear cosas negativas sobre las celebridades que tienen seguidores fanáticos. Esos fans significan negocios y son implacables con su lealtad.

16. Suficiente sobre mí, hablemos sobre mí. Entiendo, compartimos mucho sobre nosotros mismos. Pero tienes que ser cuidadoso con qué tanto. Presumir no es una buena cualidad, ni en línea ni afuera. Aunque es normal emocionarse por ciertas cosas, sólo recuerda que no todos tienen los mismos lujos y la misma suerte que tú. Sé sensible a ese tipo de cosas. La humildad siempre es una cualidad más atractiva.

17. Piensa como una persona de RP. Hay muchas cosas, sobre todo en el lugar de trabajo, patentadas por completo. Sin duda están fuera de los límites para postearse. Ya he dicho esto varias veces en el libro: siempre es mejor familiarizarte con las políticas de tu empresa respecto a redes sociales, porque cada una tiene un acercamiento diferente a estas plataformas.

¿Pueden notar que hablo de esto muy en serio? En general, es igual que en Las Vegas: lo que sucede en la oficina, se queda en la oficina, a menos que sea tu trabajo compartirlo.

18. El mito de la opción "Eliminar". Sí, es difícil. En teoría esta opción está siempre ahí, pero la verdad es que en el tiempo que tardaste en eliminar un post, alguna persona maligna se carcajeó de la foto de pantalla que acaban de tomar. Las palabras viven para siempre. **CONSEJO: Pretende que la opción "Eliminar" no existe.**

19. Si lo construyes, vendrán. Imagínate preparando una hermosa cena, pero sólo hasta que está puesta la mesa y la comida lista para servirse piensas a quién llamar para invitar y compartir. ¡Es absurdo! Primero hay que invitar y luego cocinar. Lo mismo sucede con las redes sociales. Es importante construir una comunidad antes de necesitarla. Establece tu red de contactos mucho antes de lo que quieras mostrar al mundo. No funciona a la inversa.

20. Encuentra a tus miembros honoríficos de relaciones públicas. ¿Por qué no contactar a algunos de tus amigos conocedores sociales? Puede ser fuera de internet o de forma privada. Pídeles su ayuda conforme construyes tu red de contactos y pasas la palabra. Nada es mejor que la credibilidad de una tercera persona, así que colaborar con los demás te ayudará a compartir tus noticias. Además, entre más variadas sean las fuentes de una noticia, más creíble se vuelve. A veces, cuando alguien me hace una pregunta sobre un producto de DKNY, en vez de contestarla yo misma, la saco al aire para que la contesten nuestros seguidores

de Twitter. Escucharlo del público, en especial porque no trabajan para la marca, es mucho más poderoso a que yo diga que me encanta este o aquel otro producto de DKNY (aunque claro que me encantan). En el lado personal, si tratas de juntar apoyos para un nuevo proyecto, aplica el mismo consejo. A veces las peticiones de ayuda fuera de internet ¡resultan en una promoción en línea de tus colaboradores! La gente no siempre debe conocer a los duendes que trabajan en la fábrica de juguetes, ya sabes...

21. Cuida tu cronología. Observa el orden en que posteas. Por ejemplo, retuitear cinco veces seguidas puede dar la impresión de que no posteas contenido original. Yo creo en un historial ecléctico. Empieza posteando algo tuyo, luego responde algunos de los comentarios y, al final, comparte el contenido de otros. Así muestras que estás tanto contestando como viendo las conversaciones que suceden durante el día. Una buena prueba es checar tu cronología de vez en cuando y reflexionar si le parecería buena a alguien que no te conoce. Si encuentras que publicas con demasiada frecuencia, ¿por qué no sólo darle "favorito" o "me gusta" a algunos posts? Demasiadas publicaciones consecutivas pueden percibirse como spam y la consecuencia será que te dejen de seguir. Para otras plataformas más visuales, sólo asegúrate de no estar excediéndote con el mismo tipo de posts, a menos, claro, que ése sea tu nicho, entonces, adelante...

Nunca olvidaré a Julia Roberts en la película *Línea mortal,* cuando Kiefer Sutherland le dice: "Me engañaste" y ella le contesta: "No te engañé, sólo no te lo dije". Él le responde: "¡Retener información es lo mismo que engañar!" No sé por qué esa frase que escuché de adolescente se me quedó tan grabada.

Durante dos años, dejé que el mundo creyera que yo era DKNY PR GIRL. Una chica soltera de veintitantos años que vivía en Nueva York. No dije que estaba en mis veintes y no dije que era soltera, pero tampoco dije que no lo era. ¿Estaba siendo deshonesta al no mostrar todas mis cartas? A veces siento que lo fui. Pero no era apropiado compartir más allá. No era el momento correcto.

Esos dos años me sentí como agente secreto. Estaba tuiteando sobre cenas y fiestas a las que asistía, luego iba a Facebook y posteaba fotos del primer día de escuela de mis hijos o de las vacaciones familiares. De hecho, me encantaba la dualidad, no tener que escoger entre una o la otra. **CONSEJO: Si manejas varios nombres de usuario en la misma plataforma, siempre toma una pausa y considera si estás posteando el contenido adecuado bajo el usuario indicado.** Supongo que pude comenzar con el nombre de usuario @AlizaLicht para Twitter en ese entonces y usarlo para cosas personales, pero estaba tan metida en ser DKNY PR GIRL que pensaba que la gente se daría cuenta de que era la misma voz y se revelaría mi secreto.

Pero en 2011, cuando revelé que era DKNY PR GIRL, la gente se enteraba asimismo de mi vida personal. En un artículo del *New York Times* titulado "Chica RP se revela como RP ejecutiva", salieron mis secretitos: el esposo, los hijos, de dónde era, dónde vivía, el paquete completo. En ese momento mi vida se volvió un libro abierto. Pero para mí no tenía sentido hablar sobre mi vida familiar en el Twitter de DKNY, así que mantuve los dos mundos por separado.

Ya que ponía tanto de mi vida personal en el Twitter de @dkny, debía encontrar en realidad otro propósito diferente para @AlizaLicht, ser la otra cara de la moneda. Así que cuando al fin empecé con mi nombre de usuario @AlizaLicht en 2012, por primera vez tuve un lugar para hablar de mi vida familiar si así lo quería. La gente me conocía muy bien por @dkny, pero no como mamá o presidenta de la Asociación de Padres de la escuela. Era importante para mí mostrarle el otro lado. Las personas que no tienen familia siempre se preguntan cómo encuentro un equilibrio y cumplo con todo. Pensé que si ofrecía más de esa parte de mi historia, motivaría a la gente a asumir más en cualquier área que quisieran.

Amigos y colegas me siguen por igual en mis cuentas personales y es difícil llevar un registro de quién puede ver y leer mis posts. Si publico algo es para que todos lo vean. Un editor al que le acabo de presentar una historia puede leer lo que dijo mi hija esa mañana mientras nos apurábamos para salir de casa.

El hecho es que cuando tienes un perfil social tus colegas pueden leer sobre tu vida personal. Y adivina qué... Lo juzgan. Sé que a la gente le encanta decir: "¡Ah! Pero esa es mi página personal". Sí, sí, eso ya no importa. Nada es sagrado a menos que tú lo hagas sagrado. La conclusión es que las redes sociales tiraron el muro entre lo profesional y lo personal. Así que soy muy calculadora y estratégica sobre lo que pongo ahí. Puedo tuitear de modo improvisado, pero siempre pienso antes de hablar. No sé quién siga mis palabras.

Tampoco puedo callarme por completo, no importa cuánto quisiera hacerlo a veces. Es un sentimiento muy extraño en realidad. Pero si quieres tener éxito, tampoco puedes nada más cerrar la boca. La manera en que te representas a ti mismo importa. Ya no puedes escudarte más detrás del pretexto "¡Ah! Pero eso es personal". **CONSEJO: Si algo de verdad es muy personal, no lo publiques.**

Pero hay otra manera de verlo. Si la línea se ha vuelto borrosa entre dónde termina lo profesional y empieza lo personal, ¿por qué no sacar el mejor provecho de eso? A todos les encanta ser la cereza en el pastel, y si eres un profesional dinámico, los vistazos detrás de cámaras de tu vida personal se vuelven un contenido muy interesante. Piensa en lo mucho que nos encanta un tour por la casa de una de las celebridades en *E!*. Así que, ¿por qué no ofrecer ese vistazo tras bambalinas a propósito? El truco es unirlo a tu lado profesional de una manera agradable. Por ejemplo, si eres un ejecutivo muy formal, no me gustaría ver que vivieras en una casa desastrosa. Eso me haría pensar "Wow, quizá no tiene todo tan claro como parece". **CONSEJO: No arruines tu imagen profesional por compartir secretitos sucios de tu vida personal.**

Lo que debes compartir de tu vida personal es algo que complemente tu imagen profesional. Piensa en el contenido de cada publicación que compartas como una pieza de rompecabezas. Al final, cada parte necesita encajar con las demás para crear una imagen completa. Esa imagen eres tú y tu marca personal. Quizá pienses: "¡Yo no tengo una imagen pública!", pero sí la tienes. Todos con los que interactúas fuera de tu casa consumen tu imagen pública. Ya seas un profesional trabajando en una oficina, una mamá que está de voluntaria en la escuela o un estudiante haciendo su servicio en una compañía, todo lo que haces contribuye a tu imagen pública. **CONSEJO: Recuerda, te están juzgando al 100 por ciento.** Si construyes tu perfil social, mejóralo con cosas que mantengan el mensaje de una manera coherente.

The Coveteur es una página de moda que proporciona vistazos de la vida personal de mucha gente influyente. Tienen una estrategia brillante para hacer esto sin involucrar tomas de fotos masivas a doble página. Lo que hacen (de manera muy inteligente) son pequeñas tomas de un espacio como pequeñísimas estampas. Por ejemplo: un zapato encima de una torre de libros o un lápiz labial sobre un tocador junto a un hermoso ramo de flores. Rara vez es el cuarto completo, es un instante. Toman muchas de estas estampas editadas y recortadas de manera muy justa y crean un *collage* de la vida de la persona. Muestra una imagen bastante personal sin mostrar todo. Me encanta esa estrategia y creo que puede aplicarse muy bien a lo que deseas mostrar de manera personal en las redes sociales. Pequeños trozos creativos. No todo.

Las redes sociales son un arma estratégica para construir tu marca, tanto personal como profesional. Es la forma más efectiva de crear una red de contactos y relacionarte con gente alrededor del mundo a gran escala. Las estadísticas son asombrosas. No los aburriré con los detalles, sólo deben saber esto: no puedes divertirte si no vas a la fiesta.

CAPÍTULO CATORCE

El control de daños en las redes sociales

En una gran fiesta siempre se rompe algo. La vida no sólo cuenta historias de éxito, también fracasos. A las personas no les gusta ver perfección todo el tiempo. No pueden relacionarse con eso. Quieren seres humanos y éstos se equivocan. No sugiero que alardees sobre todo lo que has hecho mal, pero de vez en cuando deja ver algo que te haga humano. Ya sabes, como una buena medida. **CONSEJO: Mezcla tres tazas de éxito con una pizca de fracaso.** Además, si eres abierto sobre un proceso, cuando fallas no te queda otra opción que hacerlo de manera pública. Así que, ¿cómo haces eso con gracia?

En las semanas que preceden la temporada de premios, siempre tuiteo sobre las entradas y salidas de los vestidos de los famosos. Los tuits son bromas que hacen referencia a CelebX y EstilistaX para que la gente entienda la sangre, el sudor y las lágrimas que derramas para convencer a una celebridad de usar un vestido en la alfombra roja. De hecho, una de las principales razones para tuitear el proceso es porque si fallamos, me vuelve loca la gente que pregunta: "¿Por qué ustedes no vistieron a nadie?" (¡Como si no lo hubiéramos intentado!) ¿Qué no saben lo mucho que trabajamos para NO vestir a nadie? ¿No saben cuántas vueltas, decisiones y pruebas tuvimos que hacer sólo para NO vestir a esa celebridad? Claro que no. A decir verdad, creo que si vestir famosos fuera un deporte competitivo, juro que estaría en las olimpiadas. En general, nos va bastante bien en la alfombra roja, pero hay veces que las cosas salen mal.

Un año, por ejemplo, casi estaba segura de que tendríamos éxito. Una celebridad confirmó con tiempo que usaría un vestido de Donna Karan New York. Estaba diseñado a su medida y le encantó. ¡Nos quedamos boquiabiertos! Obtener una confirmación con tiempo quita mucha presión y evita la cobertura de *E!* para ver si alguien decidió al último minuto usar un vestido de nuestra marca. Cada vez que pienso en la suerte en esos escenarios, creo que es doloroso depender de ella, pero es la realidad. Las celebridades tienen muchas opciones sobre qué vestido de noche usar. De hecho, la demostración de exceso que más me ha sorprendido fue cuando, en esa misma temporada de premios, CelebX tuiteó una foto de sus opciones para los Globos de Oro. Tenía sesenta vestidos de noche de dónde escoger. Alcancé a ver un vestido de Donna Karan New York en esa foto (rojo y recto, en medio de los cuatro estantes de opciones), el hecho de ser "el elegido" ese día, parecía una hazaña imposible.

Pero esa vez no tuve que pensar en todas las opciones de la CelebX. Nos confirmó como LOS elegidos. Fiu.

Nuestras pruebas de vestido con la CelebX salieron bien hasta el domingo de los Óscar. Además, la estilista de dicha celebridad y yo éramos muy cercanas, siempre era muy sincera conmigo respecto a si un vestido funcionaba o no. Mantuve a los seguidores de Twitter de @dkny informados durante todo el proceso y sabían que CelebX usaría nuestro vestido de noche. Para ser claros, cuando un estilista dice "confirmado" significa algo grande. En el mundo de vestir a las celebridades, esta palabra tiene mucho peso y la gente no va por ahí aventando el término a la ligera. Así que estaba más que sorprendida y agradecida, porque además, cabe resaltar, nuestra única oportunidad de tener a alguien en la alfombra roja esa noche.

A las 6 p.m. de ese domingo, me preparé, como siempre, para un programa de premios. ¡Estaba tan emocionada de ver a CelebX caminar con elegancia por la alfombra roja en un Donna Karan! Mi *outfit* era mi típica y cómoda pijama y mi butaca era el sillón. Siempre me armo con yogur congelado y dos *laptops*. Estaba lista para la batalla. Una *laptop* es para mí mi alerta de medios de comunicación a la prensa, lo cual incluye la descripción del vestido de noche y a quién hemos vestido. La otra es para hospedar la "fiesta de Twitter" de @dkny y monitorear la conversación social.

Siempre con anticipación hago un borrador de la alerta de medios de comunicación, tan pronto como tenga la confirmación sobre qué usará cuál celebridad, pero nunca le doy enviar demasiado pronto. Ese puede ser un ejemplo desastroso de jalar del gatillo muy rápido y convertirse en una vergonzosa humillación. Presumir que vas a vestir a CelebX y luego ver que llega con un vestido de otro diseñador es la peor pesadilla de un publicista de moda. Por eso mi dedo siempre merodea sobre "Enviar", mientras mis ojos esperan con ansias ese momento: cuando por primera vez percibes a CelebX en la alfombra.

Ese año, conforme mi dedo acariciaba el botón de enviar, mi mente se debatía sobre si apretarlo o no. "Ya confirmó", pensaba. "¡Sólo presiona enviar!", pero otra parte de mí estaba nerviosa. ¿Qué tal si pasó algo y CelebX cambió de opinión?

La alfombra roja de *E!* estaba en plena marcha y no podía quitar los ojos de la televisión ni de las respuestas de @dkny. Aún no posteaba una palabra, ni en Twitter ni en ningún otro lado. Nadie sabía a qué celebridad íbamos a vestir con precisión, pero había insinuado que era alguien IMPORTANTE. Todavía con mi dedo sobre la palabra "enviar" escaneé la televisión muy rápido en busca de señas de CelebX. De repente vi la parte superior de su cabeza sobre el mar de famosos y publicistas que poblaban la alfombra. Conforme se acercaba me di cuenta de que no traía puesta la lentejuela plateada que esperaba, sino otro vestido de noche por completo diferente. ¡¡¡Traía puesto un vestido de otro diseñador!!! No podía creer lo que veían mis ojos. ¿¡No traía puesto Donna Karan!? ¿¡QUÉ!? ¿¡Cómo era posible!? Había CONFIRMADO. Pero ahí estaba, claro como el día, en la alfombra roja. Mi peor pesadilla de la moda se había vuelto realidad.

Me quedé paralizada de absoluto asombro y decepción. Estaba destrozada. No sólo había contado con ella en mi mente, también llevaba semanas desplegándolo al público. Estaba avergonzada y muy molesta. Todos los que siguieran a @dkny en Twitter se darían cuenta. Sabían cómo salieron las pruebas de CelebX y que nuestro vestido de noche estuvo durante todo el trayecto, mientras CelebX tomaba la decisión de qué ponerse. Sabían todo esto porque lo estuve tuiteando. Y cuando la estilista de CelebX había "confirmado" (ahora tengo que usar comillas para esa palabra), lo publiqué. Éramos un fracaso. ¿Ahora qué?

Mientras estaba ahí ahogándome en mi miseria, veía cómo infinitos tuits se deslizaban diciendo cosas como "Oye, @dkny, ¿a quién vestiste?" Debido a que estaba tuiteando el programa en vivo, no me podía hacer bolita en una esquina de mi departamento y desaparecer. Debía enfrentar la realidad y responder.

Pensé en qué era lo peor que podía suceder si confrontaba ese fracaso tuiteando una foto del vestido que *no se usó* en los Óscar. Es decir, el vestido que CelebX *casi* se ponía. Eso hice. En dos minutos, la foto del vestido que no llegó a los Óscar escaló a más de 2 200 visitas. Había una discusión en pleno apogeo sobre si CelebX se habría visto mejor usando el Donna Karan New York. Mis amigos de Twitter sintieron mi dolor y al ser abierta respecto a mi fracaso logré generar publicidad y noticia de una marca al hablar de algo que *en realidad* no sucedió.

Compartir un fracaso de manera pública era un sentimiento extraño y liberador al mismo tiempo. Lo que aprendí de esa experiencia fue que fracasar no siempre es negativo. A veces puedes transformarlo en una oportunidad para hacer algo más.

Pero todos sabemos que éste no siempre es el caso. ¿Recuerdan las famosas frases "Toda prensa es buena prensa" o

"Toda publicidad es buena"? Pues te aseguro que si preguntas a cualquier publicista hoy en día si están de acuerdo con ese concepto, te van a decir POR SUPUESTO QUE NO. El manejo de crisis en la época de las redes sociales es una pesadilla. Déjenme contarles una historia aleccionadora.

Steve era socio de una prestigiosa firma de abogados y prodigaba por completo un aire de profesionalismo. Pero en su vida personal se desahogaba por medio de una cuenta anónima de Twitter. Ahí podía despotricar sobre política, deportes o lo que pasara por su mente. Steve era muy obstinado y a veces sus tuits eran intensos y ofensivos, pero tenía pocos seguidores y nadie sabía que en realidad era él, así que no hacía ningún daño. El anonimato le otorgaba licencia para decir casi cualquier cosa que pasara por su mente.

Hasta que un día, un tuit en particular atrajo mucha atracción. Sus pocos seguidores hicieron camino para cientos de retuits y el post cobró vida propia. A Steve no le preocupaba, porque no había manera de que alguien supiera que él estaba detrás de todo eso. Se dio cuenta de que entre más franco y polémico era, más rápido crecía su número de seguidores. Así continuó y, por supuesto, se volvió una adicción. Sacaba cualquier tema de las noticias y lo comentaba como un reportero experimentado y controvertido. Su nombre de usuario de Twitter se volvió muy muy popular. ¡Era un secretito muy divertido!

Pero una tarde, recibió un *email* de un colega que le preguntaba: "¿Eres tú la persona detrás de *esa* cuenta de Twitter?" La pregunta hizo que dejara de respirar por un momento. ¿Cómo diablos podía saberlo? Empezó a entrar en pánico. Para ese momento, Steve ya tenía miles de seguidores. No quería renunciar a su perfil social secreto. Decidió ignorar el *email* y pretender que nunca lo recibió.

Empezaron a surgir chismes en la oficina, pero nadie le dijo nada de manera directa. Y entonces, algo sucedió. De algún modo, que era por completo desconocido para él, alguien dijo en una página de chismes que Steve era la persona detrás de esa cuenta de usuario de Twitter tan popular y controvertida. Lo descubrió de la manera tradicional: leyendo sobre sí mismo en línea. Con la noticia al aire, las cronologías de las redes sociales en todos lados explotaron y todas las miradas estaban puestas en él.

Los reporteros fueron rápidos en cuestionar su cronología y en llenar su pantalla con tantos tuits como podían. Steve borró la cuenta a la brevedad (que por cierto, parece ser la solución mediocre de cualquier persona ante una crisis de redes sociales), pero era demasiado tarde. El daño estaba hecho.

El poder de las redes sociales, ¿no es cierto? Más bien, el temeroso mundo de las redes sociales. (Entra música de *Tiburón*.) Cuando la gente se refiere a que las cosas se hacen virales, eso es exactamente lo que quieren decir, y viral no es siempre bueno. La firma de abogados no podía tolerar una controversia sobre un socio y le pidieron que se fuera. Una cuenta secreta de Twitter destruyó su carrera.

Esta historia, junto con muchos otros ejemplos de crisis en redes sociales que puedes buscar, prueba una vez más cómo lo hecho de manera personal puede afectar tu estatus profesional. Steve sacó una declaración de disculpa, pero era ya algo tarde. El hecho es que no vale la pena arriesgar tu estatus o tu profesión por ningún perfil en las redes sociales (no importa qué tan tentador sea postear lo que está en tu mente). Pero si no prestas atención a esta advertencia, entonces debes lidiar con las consecuencias.

El manejo de crisis, en especial en las redes sociales, es crucial. No es suficiente con ser un experto en postear contenido que genere un alto número de respuestas. Si no eres hábil o no estás listo para ejecutar una estrategia en manejo de crisis, tu marca, sea personal o profesional, puede destruirse en minutos.

¡Hazlo! Maneja con destreza una crisis de redes sociales

1. Diseña una declaración bien pensada. ¡No te apresures! Asegúrate de incluir TODOS los hechos. Nunca, pero nunca comentes sobre algo si no estás seguro de cómo sucedió. Mientras esperas para recolectar información, si se está calentando tu cronología en las redes sociales, incluye una declaración como: "Estoy descubriendo los hechos relacionados con este incidente y hago todo lo que puedo para rectificar la situación". En resumen, demuéstrale a la gente que escuchas.

2. Fíjate en el reloj. No sé cómo sucedió esto, pero supongo que se debe a que los medios sociales se mueven a la velocidad de la luz, así que la gente espera una declaración o disculpa igual de rápido. Trata de ser tan puntual como sea posible.

3. ¡Empatía, empatía, empatía! Sé humilde cuando planeas tu disculpa. Al igual que todo lo demás, la disculpa misma se juzgará. ¿Fue sincera? ¿Fue desafiante? ¿En verdad te hiciste responsable o sólo

pasaste la culpa a alguien más? Hay muchas cosas que considerar y la más importante de todas es: ¿Tu disculpa será significativa? ¿Te querrán perdonar y seguir adelante?

4. Disculparse demasiado es negativo. En serio, sé que es duro tragarte todas las pastillas, pero a veces es mejor hacerle frente y aceptar el error. Si sólo dices "lo siento", hay muy poco que criticar. Pero si dices "Lo siento, pero sucedió x, y, z, y no tuve otra opción más que *a*, *b*, *c*, bla, bla, bla", es puro RUIDO. Lo que proyecta esa disculpa es que lamentas que te hayan cachado. Eso no es lo que quieres.

5. Saca tus disculpas de manera estratégica. La mayoría de las crisis se descubren primero en las redes sociales. Así que cuando postees tu disculpa, postéala en la primera plataforma donde descubriste la situación. No quieres sacarla a través de todas tus plataformas sociales y hacer que toda la gente se entere de un error del que ni siquiera sabían. Claro que si las noticias de los medios de comunicación en todos los niveles cubrieron lo que sucedió, entonces sí, con toda razón, difunde tu disculpa por todos lados.

6. Cuida a tu crisis como a un bebé. Necesitas monitorear a la prensa en todas tus redes sociales, todo el día, todos los días durante una crisis. Lee los *posts* y comentarios en todas tus plataformas. Necesitas estar al tanto de lo que la gente te dice A TI, y también SOBRE TI.

7. Entiende a quién contestarle. Me he dado cuenta de que la gente que más ataca en Twitter y "postea" los comentarios más horribles en Facebook e Instagram son por lo general gente con pocos seguidores. Como

he dicho antes, también existen los *trolls*, que viven para provocar inquietudes. Nunca ganarás con ciertas personas, y en general puedes saber quiénes son con sólo tomarte un minuto para leer sus *posts* personales. Siempre habrá uno o dos súper fans que pelearán por ti... deja que lo hagan.

8. Deja que la disculpa se absorba. Siempre siento que es importante dejar que una disculpa se asiente un poco antes de seguir hablando de otras cosas. Así que espera unas horas antes de "postear" sobre temas diferentes. Conforme retomas tus *posts* cotidianos, tu disculpa se irá bajando en tu historial de manera inevitable. Está bien. ¡Pero nunca la borres! La comunidad social tiene el hábito de borrar las cosas que los hacen sentir incómodos.

Todos los consejos anteriores aplican también para gerentes de marcas de la compañía, con los siguientes puntos adicionales:

9. Si tienes una página de fans de Facebook para tu marca personal o profesional, es importante controlar el mensaje sin alejar la voz de tu comunidad. Eliminar comentarios de las redes sociales no es bien visto ni aprobado. Para darle la vuelta a eso, establece parámetros comunitarios. Éstos sintetizan qué tipo de lenguaje no tolerarás, así que cuando la gente no siga las reglas de tu casa, te reservas el derecho de quitar sus comentarios.

10. Reúne un equipo de crisis y una lista de cosas por hacer en caso de que ésta ocurra, antes de necesitarlos. Debes incluir miembros de relaciones públicas, redes sociales, recursos legales, incluso humanos, ya que todos tienen perspectivas únicas para cualquier

situación. Cada persona debe recolectar los números de teléfono de casa y celular de todos los miembros. Aunque la mayoría de la gente de RP te dirá que su trabajo en realidad nunca se termina, personas de otras áreas de negocios pueden no estar acostumbrados a checar su correo electrónico o de voz los fines de semana. Bueno, si estás en el equipo de crisis, debes estar al tanto de las comunicaciones y no ignorar tu *email*. La gente necesita poder contactarte. Además, es importante para la persona que maneja redes sociales estar al pendiente de las plataformas de marcas. Como mencioné con anterioridad, muchas crisis se descubren primero en las redes sociales.

11. Entregar la disculpa lo es todo. Una vez, una compañía puso a su director ejecutivo en YouTube para emitir una disculpa por un comentario inapropiado. Le quedó HORRIBLE. No sólo era pésimo frente a la cámara, también leía el apuntador de manera obvia. Así que, si debes poner una cara pública en una disculpa, piensa en quién está a tu alcance que no sólo tenga el "título" correcto, sino que también sea capaz de realizar la tarea.

¿Recuerdan ese derecho constitucional de libertad de expresión? Bueno, de manera técnica aún lo tenemos, pero en definitiva tiene muchas repercusiones. Si lo usas, debes estar seguro de que mantendrás tus palabras. Con el fiasco del vestido de los Óscar tenía la responsabilidad de decirle a los fans qué sucedió. Quizá te preguntes por qué. Bueno, los llevé al camino hacia el evento, y cuando invitas a la gente a entrar en tu mundo, no los puedes abandonar así nada más. No es transparente y la transparencia es un concepto básico en las redes sociales. En el caso de Steve, ni siquiera consideró que sus palabras pudieran dañar. Escribió esos tuits y nunca más pensó en ellos. Las redes sociales amplifican la voz de todas y cada una de las personas, sin importar cuántos seguidores tengan. Eso es poderoso, pero con el poder viene la responsabilidad.

CUARTA PARTE

Crea tu propia marca

CAPÍTULO QUINCE

Conviértete en tu propio publicista

Nunca olvidaré cuando estaba en la revista *Atelier* y las bolsas
Hermès Birkin para una sesión de fotos. Las muestras llega-
rían con un inventario detallado de lo que me prestarían. Pero
la gente de RP de Hermès fue más allá. Me enviaron también
una advertencia: "Por favor, revise los artículos en cuanto los
reciba. Los entregamos en perfectas condiciones y si regresan
con algún daño deberá pagar el importe correspondiente".
Gulp. Y quiero recalcar que el paquete incluía unos guantes
de tela para manejar los accesorios. ¿Pretensioso para unas
bolsas de piel? Sí. ¿Me la creí? Sí. Todos nos tragamos la advertencia. Los mejores diseñadores nos prestaban sus bolsas
para sesiones de fotos (desde Chanel hasta Saint Laurent) y
ninguno nos pidió tratar así las muestras. Esto demostró que
Hermès valoraba sus productos, y a cambio nosotros deberíamos hacer lo mismo o pagaríamos las consecuencias... y
eran caras.

¿Existía alguna razón para tomar sus bolsas tan en serio? Sí. Querían que entendiéramos la manera artesanal con que se hacía cada una. En una ocasión me invitaron a una demostración y ahí entendí y experimenté lo que significaba el diseño de una bolsa de Hermès. No era simple. En verdad era artesanal. ¿Cada una era un compromiso? Sí. ¿Valía la pena el precio? Tal vez no. Pero querían trazar un nuevo camino. Decidieron qué valor tendría cada bolsa en la mente de sus clientes, y así era. Sí, tienen cientos de años de tradición. Sí, a los artesanos les lleva incontables horas hacer cada una, pero a fin de cuentas, no sólo hicieron bolsas, crearon una percepción pública exactamente como querían.

Pensando esto, la gente decide cómo quiere que sea su percepción pública y moldearla. Reflexiona en todas las personas que conoces y en cómo las etiquetas: ella es estresada, él es el flojo, ella siempre es productiva, él es sobresaliente. Apuesto a que si piensas en tus diez mejores amigos, puedes describir a cada uno de ellos con una oración. Juzgamos todo el tiempo, incluso de manera inconsciente. Así que las preguntas en realidad son: ¿cómo te describen tus amigos o colegas? Y, ¿es la imagen que quieres dar? Si no es así, hay que cambiarlo. Necesitas examinarte y decidir qué deseas proyectar y cuál será tu marca personal.

Moldear la imagen que los demás tienen de ti es un verdadero arte. Piensa, por ejemplo, en cómo un publicista hace una sesión de fotos en la casa de una celebridad. Está cerca del fotógrafo todo el tiempo. Dirige qué puede salir en la imagen y qué no. Es curador de la historia y muestra el punto de vista que quiere que vea el cliente. Puedes imitar su estrategia y editar tu vida para consumo público. Necesitas pensar como un publicista, uno para TI. Tú eres la marca.

Pero primero ¿qué es una marca? La *American Marketing Association* (Asociación Americana de Marketing) la define como "Un nombre, término, diseño, símbolo o cualquier otra característica que identifique el bien o servicio de un vendedor y lo diferencie de los demás vendedores de la competencia".

Para las personas que no son celebridades, la idea de marca personal es bastante nueva, incluso para mí; nunca pensé en esto hasta que hice eslóganes en redes sociales. Antes, las únicas personas consideradas marcas eran las celebridades. Para el resto de nosotros, lo más cercano que teníamos a una marca personal era nuestra reputación. Para ser más clara, cuidar de tu reputación era muy importante. Pero gracias a los medios de comunicación cambió la habilidad para moldear y amplificar de manera estratégica el mensaje de tu marca personal. Los publicistas lo hacen todos los días, entonces, ¿por qué no hacerlo tú mismo?

La mayoría de los seres humanos no piensan de manera natural en sí mismos como una marca, pero hay muchas razones por las que deberían hacerlo. Las personas consumen tus palabras, tus acciones y la manera en que te presentas en varias formas. La suma de esto es tu identidad. Pero ¿es la identidad que quieres? Creo con firmeza que cada persona tiene algo único que ofrecer y crearte una marca es la mejor manera de asegurar que las demás personas sepan qué ofreces.

Para hacer esto necesitas observarte desde un punto de vista exterior. Olvida la persona que eres. Sal de ti mismo e imagina por un momento que eres un ejecutivo de relaciones públicas y que tu nuevo cliente eres TÚ.

La estrategia publicitaria para generar conciencia de marca es la misma, no importa la industria. Un publicista siempre considera:

1. ¿Cuáles son los mejores productos o recursos con los que debo trabajar?

2. ¿Cuál es mi anzuelo o historia? (Es decir, ¿qué atrae a los medios y al público?)

3. ¿Cómo creo una conexión emocional entre mi producto/marca y la audiencia?

4. ¿Cuál es la mejor manera para presentar mi estrategia? (Impresa, en línea, social, etcétera.)

Cuando confecciones tu marca personal, necesitarás pensar en los cuatro puntos anteriores mientras respondes las siguientes preguntas:

1. ¿Quién eres? ¿Cuáles son tus principios básicos? Puedes pensar en estas respuestas desde ambos puntos de vista, como persona y como profesional. Escribe de tres a cinco palabras que respondan esta pregunta. Entre menos palabras uses para describirte más enfocado es tu "filtro".

2. ¿Cómo quieres ser conocido? Las buenas marcas muestran un aire de experiencia en un área específica.

CONSEJO: Muchas personas hacen muchas cosas, pero el que lo hace mejor obtiene el crédito de experto.

3. ¿Cuáles son las cualidades o talentos vendibles únicos en ti? ¿Los promueves?

4. ¿Qué recuerdan más las personas después de conocerte? Consúltalo con amigos y colegas que puedan responderte de manera honesta.

Estas NO son preguntas fáciles, pero te ayudarán a navegar en este proceso y llegar a conclusiones que puedas comprender y usar para tu beneficio.

Paso uno. Conócete a ti mismo escribiendo tu biografía. Es un resumen de ti, de tu vida personal y profesional. Es todo lo que eres y tal vez nunca pensaste escribir. Las personas famosas tienen biografías porque si alguien de prensa hace una historia sobre ellos, les da a esos reporteros una imagen fácil y asimilable de la vida y carrera de esa celebridad. En esencia, es una síntesis de tu marca personal.

Las biografías están escritas en tercera persona. En el ejercicio de descubrir tu marca esto es ideal para el propósito, pues te ves desde fuera y no resulta extraño hablar de ti mismo. Así que cuando la escribas, finge que eres un periodista que hace un artículo de ti mismo para el *New York Times*. En vez de escribir "hice" utiliza "hizo". Es una experiencia que te ayudará a entender quién eres y qué has hecho. Además, está bien presumir un poco, así que haz una lista de tus mejores logros. Pero recuerda, un buen periodista tiene ojo crítico. Si existen algunos factores de los que no te sientes muy orgulloso, es importante incluirlos. Necesitas hacer una imagen vívida de ti mismo, no sólo de lo que has hecho, sino de quién eres como persona. ¿Cómo es tu personalidad? ¿Cómo te presentas? ¿Cómo eres? Escríbelo todo.

Puntos a tocar en tu biografía:

1. Atributos personales y físicos

2. Educación

3. Trayectoria de carrera, trabajos importantes y títulos

4. Pasatiempos

5. Pasiones

6. Talentos, reconocimientos, etcétera

7. Estado marital/familiar

8. Afiliaciones, asociaciones de caridad o similares

Escribe tu biografía en orden cronológico: inicia con tu posición actual y de ahí lleva a las personas al pasado en una rápida sinopsis. Incluye sólo los puntos importantes, las cosas que en realidad influyeron en quién eres el día de hoy. El objetivo de esta biografía es mostrar cómo llegaste hasta donde estás. Si puedes, hazla en menos de quinientas palabras; te retarás a corregirla. Cuando la escribas, tal vez llegues a un punto donde ya no tienes nada más que decir. Está bien, porque tu historia nunca terminará. La vida sigue, ¿cierto?

Una vez que llegues a ese punto, acomoda una silla en algún lugar y pretende que lees la historia de alguien más. ¿Te gusta esa persona? ¿Estás impresionado por lo que ha hecho? ¿Qué crees que esa persona debería cambiar de sí mismo? Sé objetivo. Imagina que no lees sobre ti.

Entonces, ¿qué opinas? ¿Hiciste una imagen exacta de ti? ¿Fuiste honesto? Si alguien te busca en Google, ¿escribiría lo mismo por los resultados obtenidos de la búsqueda? ¿Salen fotos o artículos que cuenten tu historia? ¿Eso quieres contar? ¿La escribirías en un artículo del *New York Times*?

Debes preguntarte esto para tener una evaluación real de con qué estás lidiando. ¿Necesitas hacer más de algo en específico? ¿Necesitas dejar de hacerlo?

Paso dos. Basándote en tu biografía, haz la "Nube de palabras" de tu vida. Utiliza las palabras clave que en realidad resuman tu historia. Éstas describen en esencia el cuadro general. Tus atributos más fuertes deben aparecer como las palabras más grandes.

Paso tres. Encuentra una imagen para cada palabra y crea un *collage* de tu vida. Retrocede. ¿Cómo se ve el conjunto? ¿Qué quieres mantener? ¿Qué quieres cambiar?

Paso cuatro. Sigue el viaje. Como tu historia terminará en algún punto, piensa a dónde quieres llegar. Imagina qué quieres que diga el resto del artículo. Escríbelo como *si* ya hubiera pasado, pero esta vez en *cursivas*, todas tus aspiraciones, todo lo que quieres lograr. Perfecciona la historia hasta que se lea de la manera exacta como deseas se imprima en el *New York Times*.

Tal vez creas que hacer esto es mucho trabajo y autoanálisis… y lo es. Pero una vez que termines, te conocerás mucho más.

Tu artículo puede ser pesado de leer y a lo mejor no te gusta. No hay problema. Puede ser el fósforo que encienda la flama que te lleve a hacer cambios positivos.

A la gente no le gusta verse a sí misma, igual que a muchos actores no les gusta verse en pantalla. Pero para mejorar cualquier área necesitas ser honesto contigo mismo acerca de quién eres, dónde estás y hacia dónde vas. ¿Cómo te relacionas con las personas en tu mundo? ¿Sienten que tienes algo especial que ofrecer? ¿Conocerte las hace mejores? Si la respuesta es sí, el valor que entregas a quienes te rodean, será el que necesitas promover y aprovechar.

Quiero ser muy clara con algo: **tener marca personal no significa volverse famoso.** De hecho, es lo de menos. Se trata de **autorreflexión y de cómo te presentas. De identificar la versión que quieres de ti y esforzarte por mejorarla y difundirla todos los días.** Si piensas como publicista, serás consciente de cómo se percibe tu mensaje y podrás corregir esa percepción de acuerdo con lo que necesitas. Ser consciente de tu marca personal te permitirá desarrollarte mejor en cualquier área de tu vida, no importa lo que hagas.

Cada día es una oportunidad nueva para imaginarte diferente. Si tienes el valor suficiente para mirarte con los ojos bien abiertos, serás el mejor para esto. No hay respuestas correctas. Lo que obtendrás será sentirte feliz y orgulloso de ti mismo, y, para mí, eso vale la pena. Qué hacer con tu marca personal depende de ti. ¿Qué tan duro quieres trabajar con ello y qué tan comprometido estás? La respuesta debe ser "mucho", porque nadie hará este trabajo igual que tú. Eres tu mejor persona de RP.

CAPÍTULO DIECISÉIS

Conviértete en el nuevo personaje principal

Después de leer tu biografía, debes tener una imagen clara de quien eres y de cuál será la posición de tu marca. La manera en que la gente te percibe está relacionada con lo que dices y con tu forma de trabajar con los demás. ¿Qué pasa con tu imagen? ¿Coincide con tu marca personal? La imagen es un recurso poderoso: es lo que las personas consumen antes de abrir la boca.

Te ha ocurrido que vas caminando por la calle y ves a alguna persona que te hace pensar "Parece *alguien*". No me refiero a alguien que conozcas o que sea famoso, me refiero a una persona que tiene un aire de importancia. Tal vez porque camina con la frente en alto, porque su *outfit* es genial o por la seguridad que proyecta. O tal vez por el paquete completo. Algo te hizo poner atención y en un instante te generó una impresión.

La confianza dice mucho. Cómo nos presentamos afecta la percepción que los demás tienen de nosotros. Las personas nos juzgan de acuerdo con lo que ven y sienten cuando nos conocen. Sé que se oye fuerte, pero eso de "no juzgues un libro por la portada" es una tontería. Las personas juzgan todo *antes* de saber qué ofrece. ¿Quieres pruebas? Dime, ¿juzgaste la portada de este libro antes de comprarlo? Sé que lo hiciste. Todos juzgamos los libros por sus portadas, al menos de entrada.

Entonces, si todo mundo lo hace, ¿por qué no usar esa información de manera estratégica? Tu imagen importa y puedes cambiarla. Cómo te presentas en este momento no es la única forma de hacerlo. De hecho, puedes cambiar casi todo lo que quieras. Los actores lo hacen todo el tiempo. Examinan el papel que deben interpretar. Estudian la personalidad, la apariencia, la actitud. Tienen claro lo que deben hacer para convertirse en el personaje. No existe una razón para que no funcione de igual manera en la vida real. Puedes moldear tu imagen una y otra vez.

Las personas que tienen elegancia y presencia se sienten más importantes que las que no. Y así es. Si entras en una sala como si te perteneciera, las personas pensarán que es tuya. Pero no aconsejo que te vuelvas arrogante. Como ya dije, hay una gran diferencia entre ser seguro y ser engreído. Me refiero a que la clave es sentirte cómodo siendo tú y creer que de verdad tienes algo único que ofrecer, porque LO TIENES.

La pregunta más importante que puedes hacerte es: "¿Qué impresión causo en las personas que me conocen?" En realidad la gente no tiene mucha imaginación cuando se refiere a otros. Lo que demuestres es lo único que sabrán de ti. Si eres muy penoso, por ejemplo, nadie te imaginará frente a un gran público, o un cuarto lleno de ejecutivos, haciendo una presentación. Si quieres que te imaginen en ciertos papeles, debes ayudar a que te vean de esa manera. Si deseas que te inviten a dar una presentación, demuestra que confías en tu voz. Incluso si no lo haces, está bien que te esfuerces por ello.

Hay muchas herramientas para ayudarte a transmitir cierta imagen. El estilo es una de ellas. Es una extensión visual de tu personalidad. En cualquier negocio, la moda puede ayudarte a definir tu imagen. ¿No me crees? Imagina que contratas a un abogado y cuando llega a la entrevista usa un traje una talla más pequeña y se nota que no lo ha mandado a la tintorería en meses. ¿Vas a ignorar la impresión que te causó? ¿O pondrás en duda su título? Apuesto que será lo segundo.

Piensa de nuevo en tu biografía. ¿La imagen que proyectas en este momento es correcta para la marca personal que quieres construir? ¿Tu apariencia actual trabaja contigo o en tu contra? ¿Al menos tienes un *look*? Es cierto que existen algunas profesiones donde esto no es un factor importante, pero es relevante en casi todas las carreras que se me ocurren. Un buen estilo significa confianza.

El primer paso es establecer un *look* que demuestre quién eres. Si escoges uno y te apegas a él, los demás lo recordaran. **CONSEJO: ¡Repetición ES reputación!**

"Lo mío" siempre ha sido estar bien vestida. No lo puedo evitar, me siento mejor así. En la universidad, cuando todo mundo andaba con los mismos pants con los que durmió, yo tenía un *outfit* ideado de pies a cabeza. Jamás pensaría en usar pants. Usar el pantalón, falta o vestido apropiado afecta mi estado de ánimo y cambia mi actitud. Sigo creyendo que estar bien vestida me permitió poner más atención en clases. Incluso a los diecinueve años sabía que mi mejor jugada tenía que ver con la moda.

Y sigo igual. Las personas se sorprenden cuando me ven con ropa informal (que se limita a los fines de semana). Y ahí está mi lápiz labial rojo de firma. Culpo de ello a Ilana, mi hermana, porque incluso a los dos años no dejaba que nuestra mamá saliera de casa sin usar un labial brillante. Literalmente decía: "Mami, labios, labios". Por eso, cuando empecé a usar maquillaje, lo primero fue un labial brillante. (De hecho me veo terrible sin él.) Ahora es mi firma de color y me sentiría rara si usara otro. También uso sólo esmalte de uñas rojo, pues mi pálida piel se ve mejor con el vívido contraste. La verdad es que las personas se aferran a sus "firmas" de imagen porque eso los hace verse o sentirse mejor.

Lo admito: soy de la vieja escuela. Crecí con la creencia de que debes salir sintiéndote bien de ti mismo. Nunca me arrepentí de tomarme ese tiempo extra para arreglarme, en especial cuando me encontraba con alguien que no tenía ganas de ver. ¡Ley de Murphy! Sentirte bien con tu imagen deja una impresión específica: le dice al mundo que te valoras. Como dijo una vez la gran Diana Vreeland, "Odio el narcisismo, pero apruebo la vanidad".

Así que la pregunta es ¿qué imagen quieres representar? Puedes encontrar un atuendo que esté bien para ti, o mejor aún, encontrar uno adecuado a lo que quieres hacer. Ese viejo dicho "vístete para el trabajo que quieres, no para el trabajo que tienes" aún tiene mucho de cierto.

Los estilistas de las celebridades juegan a "¿qué imagen quieres representar?" todos los días con sus clientes. Como estoy al tanto de las decisiones estratégicas que muchos estilistas hacen cuando dan forma a la imagen de sus clientes, puedo decirte que todo es premeditado, cada detalle.

Cuando aprendí por primera vez qué significa moldear la imagen de una celebridad, me sorprendí de lo simple que era cambiar una percepción. Sabes a lo que me refiero. Imagina a cualquier actriz con una imagen mediocre y ahora imagínala en un vestido de Óscar de la Renta. De pronto obtiene una nueva reputación en el mundo de la moda.

Un excelente ejemplo de cómo sucede la transformación de estilo fue un día que tuve una conversación sobre estrategias con un amigo estilista. La conversación fue algo así:

—Vamos en una dirección por completo diferente con la CelebX, te lo juro —dijo Jake. Su publicista la quiere fresca. Ya sabes, la típica chica americana. Por eso ya no le hemos puesto diseños europeos. Es la nueva chica chic. Queremos hacer un ícono.

—Ok, Jake —dije. Consideraré darte algo de la nueva colección, pero necesito que prometas que sólo nos usará a nosotros en la *premier*, no en cualquier ciudad.

—Hecho —dijo Jake. Y así de simple, nació el nuevo estilo de la CelebX.

• •

Pero esta manera de idear estrategias no sólo es para las celebridades. El *look* correcto puede transformarte. Es cierto que la ropa no hace a la persona, pero un *outfit* adecuado ayuda bastante.

Sólo imagina por un momento tener un estilista cuyo trabajo es preocuparse por ti: cómo te ves y qué usas. La vida sería más simple, ¿cierto? Bueno, piénsalo de nuevo. Incluso con un estilista brillante, escoger el *look* correcto para la imagen de una celebridad no es siempre constante.

Entra ola de flashbacks *televisivos.* Fue en la temporada de los Globos de Oro. Como publicista de moda, si pierdes la oportunidad de vestir a alguien para esta premiación es horrible, porque entre la televisión y la película hay muuuchas personas en marcha. La competencia de diseñadores es feroz, no sólo porque hay muchas prendas para escoger, sino porque hay toneladas de celebridades que ya tienen relaciones con marcas o diseñadores, ya sea porque son buenos "amigos de la familia" o porque son la cara de la campaña publicitaria de alguna firma. Además, algunas marcas no están abiertas a cualquiera. Ciertas celebridades pueden estar "fuera de marca", es decir, no van de acuerdo con la imagen publicitaria. En realidad es como un juego de azar.

Un año, tuvimos un vestido increíble, uno que mi instinto decía que tenía una oportunidad real de adornar la alfombra roja. Los vestidos son la divisa en temporada de premios. Y esta vez, un vestido rojo burdeos era nuestro sustento.

Cassandra, una maravillosa estilista de celebridades, llegó a nuestra oficina tan pronto como salió la nominación para ver qué preparábamos. Hay muchos estilistas que trabajan en el mundo de la moda y en Hollywood. Algunos buenos, otros no. Cassandra era una guardiana. Trataba las prendas de ropa con el amor y aprecio que merecían. Es triste, ese no siempre es el caso. He visto asistentes mal entrenados que avientan sin cuidado vestidos de 350 000 dólares al fondo de los contenedores como si fuera una servilleta. También he visto vestidos cubiertos de pedrería que salen hechos bola y cubiertos por completo de maquillaje y desodorante. No es bonito. ¡Ay! Me decepciona ver los broches de un gancho abollados, así que nota que soy muy sensible. En general me decepciono porque sé cuánto amor y esfuerzo pusieron los diseñadores, patrocinadores y ayudantes en cada prenda. Es un arte. Así que cuando debes trabajar con alguien que no lo entiende es penoso. Un buen estilista conoce el proceso de diseño y lo venera. Cassandra era una de esas estilistas.

Vistió a varios clientes esa temporada, incluida una actriz joven y hermosa a quien llamaré Jenny, quien fue la estrella de una gran película ese año. Aunque no fue nominada, ese papel fue el arranque de Jenny. Confié en que su presencia en la alfombra sería algo grande. Nunca había trabajado con esta actriz, pero adoraba a Cassandra. Era maravilloso trabajar con ella, y lo más importante, tenía confianza y fe en sus clientes.

Cassandra trabajó con nosotros para asegurarse de que el vestido fuera hecho a las medidas exactas de Jenny. (Claro que Jenny tuvo que bajar tres kilos justo antes de la premiación, así que le pusimos una talla menos.)

Estaba feliz con la manera en que se transformaba el vestido. Aseguraba que sería todo un éxito en la noche de los Globos de Oro. Obvio, no pusimos toda la carne en un solo asador, teníamos otros vestidos con otras celebridades en Los Ángeles, pero ninguno era tan bueno. En mi corazón, contaba con Jenny. La necesitaba.

Cassandra era muy buena en mantenerme al tanto después de cada ajuste. Por lo general son dos o tres las alteraciones por vestido. Hacerlos durante esta temporada es difícil y se te va el alma al piso. No puedo dejar de moverme de un lado a otro, esperando *la* llamada. ¿Lo logramos? ¿O nos eliminaron? El destino está en manos de otros. Si tienes la suerte suficiente para confirmar que tu vestido está en la primera lista durante la noche de premiación, es una de las mejores satisfacciones que puedas imaginarte.

Pensarás que para el sábado de los Globos ya está decido el vestido y se pone sobre la cama. Pero te sorprendería cuántas cosas pasan ese día mientras la mayoría de las celebridades aún toma decisiones. Aunque el vestido rojo burdeos era la primer opción, créeme, había otro de repuesto colgado en el mismo cuarto. La peor parte de esto es que el diseñador no sabe quién es quién. Te dicen: "Oh, ¡eres uno de dos!" Sí, es el 50 por ciento. Si yo sacaba un cincuenta en algún examen, mis padres me cortaban la cabeza. Sabía que nuestro vestido fue con Lorraine Schwartz (la diseñadora de joyas), lo que es siempre un buen signo. El honor de tener este tipo de joyería adecuada a tu vestido significa que te toman muy en serio.

Jenny llegaría a las 6 p.m., tiempo de Los Ángeles, el sábado. Era sólo un "veámoslo una vez más", sin prueba. Cassandra también estaba muy emocionada. Jenny lo sentía y eso era algo maravilloso, porque todos los demás vestidos estaban descartados en ese momento. Otra ventaja fue que le pidieron a Jenny que presentara, lo que significa que estaría en el escenario. ¡Más tiempo al aire! ¡Más prensa! ¡Sííí!

Estaba cenando cuando la prueba de Jenny empezó, revisaba mi teléfono una y otra vez en espera del mensaje de Cassandra. A las 11 p.m., tiempo de Nueva York, no sabía nada. Ahora, una prueba para ajustes normal puede llevar horas, algunos incluso duran todo el día, dependiendo de cuántos vestidos haya. Pero en realidad no era una prueba como tal, era sólo un "veámoslo una vez más". A la 1 a.m. decidí escribirle a Cassandra:

Hoy 1:00 AM
¿Hola? ¿Todo bien? – Aliza
Hoy 1:15 AM
Perdón por desaparecer. La prueba salió genial, te llamo mañana. – C

¡¡FIU!! No pude respirar por un rato. Pero a las 2 a.m. me dormí en paz.

A las ocho de la mañana del domingo de los Globos desperté como si alguien hubiera soplado un silbato en mi oreja. ¿Un mensaje? No. ¿Un mensaje de voz? No. ¿Un *email*? No. Todo estaba en silencio en la costa oeste. Es difícil hacer cualquier otra cosa el domingo de premiación excepto clavar los ojos en mis dispositivos rastreando información. No tenía razones para estar nerviosa, pero aun así. La prueba de Jenny la noche anterior "salió genial" según Cassandra. Bueno, no usó un signo de exclamación, ahora que lo pienso. Dijo "genial" y una coma no era tan feliz como un signo de exclamación. Me empecé a descontrolar, buscaba cualquier pista escondida en su puntuación y tono. Me quedé en casa todo el día, revisando la hora en cada cuarto al que entraba. La alfombra roja iniciaba a las 6 p.m. tiempo del este, es decir

3 p.m. tiempo de Los Ángeles, lo que significaba que cerca de las 11 a.m. las celebridades empezarían con el cabello y maquillaje dependiendo qué necesitaran (como extensiones de cabello o un tinte, por ejemplo).

En la tarde consideré escribirle a Cassandra sólo para corroborar, pero no lo hice. Si hubiera un problema, me llamaría. No tener noticias eran buenas noticias. Estaba segura de que Cassandra estaba ocupada arreglando los vestidos y asegurándose de que joyería y accesorios estuvieran acomodados para Jenny, así que cuando acabaran de vestirla todo estaría organizado.

En Los Ángeles, eso era justo lo que sucedía. La casa de Jenny hervía con todos sus amigos, *manager*, publicista, estilista, peinador, maquillista, manicurista y también su hermana.

A la 1 p.m. Cassandra me mandó un mensaje:

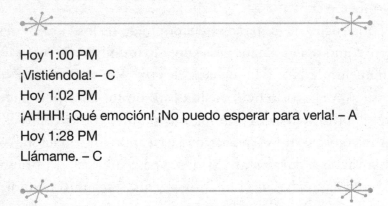

Hoy 1:00 PM
¡Vistiéndola! – C
Hoy 1:02 PM
¡AHHH! ¡Qué emoción! ¡No puedo esperar para verla! – A
Hoy 1:28 PM
Llámame. – C

Me detuve en seco. Clavé los ojos en mi teléfono, era como si "Llámame" estuviera pulsando. El miedo empezó a invadirme. Cuando levanté el teléfono entré en pánico. Mi corazón latía como loco y sabía que algo andaba mal.

—¿Cassandra? Soy Aliza.

—Aliza —dijo Cassandra en un susurro. Estoy en el baño. Lo siento tanto, pero la hermana de Jenny llegó a ayudarla a vestirse y le dijo que creía que el vestido es impresionante, pero como no está nominada cree que es excesivo. Le dijo que parece que se esfuerza demasiado.

¿QUEEEÉ? Las lágrimas brotaron de mis ojos. Ni siquiera podía hablar. Estaba paralizada por completo.

—¿Aliza? ¿Me escuchas? Perdón por susurrar, pero están en la otra habitación —dijo Cassandra.

—Te escucho, Cassandra. Es sólo que no puedo creer que un comentario de su hermana acabe por completo con lo que ha querido todo este tiempo.

—Lo sé, estoy cien por ciento de acuerdo contigo, Aliza, pero no hay nada que pueda hacer, ya le metió esa idea en la cabeza. Esto es muy importante para ella, quiere que la gente la respete. De verdad lo lamento. Sé cuánto te esforzaste por esto, lo duro que todos trabajamos. Lo recompensaré.

—Gracias, Cassandra, me tengo que ir —dije, tragándome el nudo en la garganta. Colgué el teléfono devastada. No teníamos a nadie. La hermana de Jenny tomó una decisión de última hora que sobrepasó a estilista, publicista y *manager*. La percepción de la hermana era la realidad de Jenny. El vestido rojo burdeos era demasiado, la haría muy importante y eso debería guardarlo para cuando estuviera nominada. Su marca personal no estaba lista para los vestidos de las grandes ligas. Debía llegar a primera base y usar algo a un nivel más de "presentadora" y menos de "nominada". ¿Cómo es ese golpe en el ego? Estaba destruida. Pero la verdadera víctima aquí era Jenny. La última persona que entró al cuarto controló su imagen y ni siquiera estaba entrenada para eso.

Es claro que no es el caso con todas las celebridades. De hecho, algunas ni siquiera emplean estilistas y hacen un trabajo estupendo ellas mismos. Pero desearía que quienes los emplean los dejen hacer el trabajo por el que les pagan. Mis estilistas favoritos son los que mantienen su decisión sobre un *look*. Después de todo, les pagan para saber qué es lo mejor para sus clientes.

Un buen estilista sería el primero en decirte que encontrar la imagen que deseas para tu marca personal no es fácil y a menudo es necesario un periodo de prueba y error. Pero el punto es que permite ser reinventada una y otra vez. Puedes volverte el nuevo personaje principal con el estilo correcto. No tiene nada de malo pedirle a tu familia y amigos que te ayuden y retroalimenten, pero recuerda que debes sentirte conforme y feliz con la imagen que portas de principio a fin. Después de todo, no puedes usar tacones muy altos si no sabes caminar con ellos, y seamos sinceros, nada es peor que una chica tambaleándose.

¡Hazlo! Encuentra y mantén tu estilo personal

1. ¡Conoce tu cuerpo! La talla no es lo único importante. Algunos estilos se adaptan mejor a tu forma que otros. No trates de convencerte de que eres capaz de usar cualquier cosa, porque puede resultar peor.

2. Inspírate en otro estilo. Saca imágenes de personas cuyo estilo admires. Haz un *collage* con ellas. Apuesto que tendrán muchas cosas en común. Por ejemplo, si escoges a diez mujeres que usen traje sastre, con sacos y pantalones apropiados, entonces es obvio

que quieres dar una impresión más sofisticada y profesional. Encuentra los denominadores comunes en las fotos. Si tuvieras que ponerle una oración al estilo, ¿cuál sería?

3. Graba los mejores *outfits.* Lo creas o no, puedes olvidar un buen estilo en un nanosegundo. Si encuentras uno bueno que te haga sentir maravillosa ese día, escríbelo, o mejor aún toma una foto. Créeme, tu cerebro no lo recordará de otra manera.

4. Organiza tu ropa por *look.* Si no eres una persona organizada, por favor salta al número cinco. Si lo eres, considera poner algunos de tus *looks* más importantes juntos. Te ayudará muchísimo, en especial si no tomaste foto o video como recomendé en el paso tres.

5. Identifica tus prendas de batalla y guárdalas juntas. Estas prendas son las que nunca fallan. Por ejemplo, los pantalones que te quedan bien sin importar lo que comiste en la semana. O la blusa que nunca se arruga, incluso cuando la olvidas en la secadora por meses. ¡Saber cuáles son tus prendas de batalla te salvará! Sobre todo cuando se te haga tarde o en uno de esos días que todo sale mal y tienes una junta muy importante.

6. Mantén tu trabajo en mente. No importa cuánta diversión quieras tener con tu estilo personal, debes recordar el trabajo que tienes. Tu estilo debe concordar con tu profesión. Lo siento. No quieres causar una mala impresión.

7. Invierte en piezas clave. Si no harás nada más, invierte en las que la gente recuerda más, como zapatos, bolsas y abrigos.

8. Mantente en tu zona de comodidad. No quieres que cada uno de tus *looks* parezca un disfraz, y si te pones algo con lo que no te sientes bien, la gente lo notará.

9. Identifica qué será tu firma. Como dije antes, repetición es reputación. Si repites algo una y otra vez, las personas lo asociarán contigo. Para mí es el lápiz labial y el esmalte rojos, pero puede ser una pieza de ropa, joyería, tu cabello, cualquier cosa.

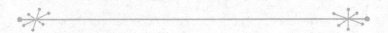

El estilo es un factor para crear tu marca personal y tal vez la manera más fácil de reinventarte. También es el más creativo. Quizá pienses que no tiene importancia para lo que quieres hacer, pero te aseguro que tener un fuerte sentido de estilo personal te hará sentir confiado en otras áreas más significativas.

Solo recuerda que, no importa lo que pase fuera, lo que pasa dentro es lo importante. ¿Cómo te percibes? Tu estilo debe hacerte sentir fuerte para enfrentar al mundo todos los días. Eso hace la moda por mí, me da la energía y confianza necesarias para derribar lo que se me ponga enfrente. Bueno, eso y el café.

CAPÍTULO DIECISIETE

Cuando llegues a la cima...
no seas estúpido

En segundo año de primaria decidí ser maestra. No *de verdad*. En realidad, reuní a tres de mis amigos, les dije que sería su maestra y les ponía tarea para la tarde. Llamé a este grupo Club de tareas ¡Qué original! (*S) Todos los días llegaba con una lección, se la llevaban, la trabajaban y me la entregaban al día siguiente. Los calificaba con un *sticker* de Hello Kitty.

La gente siempre parece darle mucha importancia a ser líder, pero lo irónico es que ser un seguidor es igual de importante. Recuerda, no puedes tener uno sin lo otro. Algunas personas nacieron para guiar y otras para seguir. En diferentes momentos de tu vida cambiarás de un rol al otro. Pero si tomas el papel de líder, es fundamental que sepas hacerlo bien. Un buen jefe motiva a los integrantes de su equipo, no se siente superior a ellos y trabaja igual de duro que los demás. Reconoce una labor bien hecha y proporciona crítica constructiva cuando hay errores. Da honor a quien honor merece y deja que su equipo brille cuando se debe.

Tómate una selfie:
¿Sabes cómo guiar un equipo?

1. ¿La gente te respeta? Porque si no lo hacen, lo primero que debes de hacer es ganarte su respeto.

2. ¿Eres un líder motivador? ¿Tienes la habilidad de energizar a la gente ante un proyecto?

3. ¿Tienes una visión clara de qué se debe hacer y cómo tu equipo y tú van a lograrlo?

4. ¿Revisaste si hay algo más que pueda ocurrir al mismo tiempo que tu proyecto? Compromisos personales pueden interponerse en un plan perfecto. Así que prepara todo con anticipación.

5. ¿Has expresado un mensaje claro? No asumas que la gente entendió el proyecto. Si diriges un equipo, necesitas asegurarte de que los miembros ven el panorama general para que entiendan el alcance real de lo que intentan hacer.

6. ¿Eres un buen director? Los grupos de *emails* nunca funcionan. Si quieres guiar un equipo debes dar seguimiento a cada persona de manera individual para mantenerlos concentrados. Si crees que debes controlar de manera excesiva, hazlo. Tal vez a la gente no le gusta, pero un recordatorio "amable" de la fecha límite puede salvarlos de cometer grandes errores.

   Nota: la gente confunde la microgestión con el desdén, pero no es lo mismo. Si no quieres que te supervisen de cerca, mándale a tu superior un *email* rápido para hacerle saber que te has encargado de las cosas. Nada me gusta más que la respuesta: "Ya está hecho".

7. ¿Recuerdas el significado de asumir? No asumas que algo está hecho hasta que lo confirmes. Los malentendidos pasan todos los días y pueden ser muy costosos.

8. ¿Aprecias los esfuerzos de tu equipo? Recuerda agradecer a todo aquel que ayudó a que tu proyecto tuviera éxito. Nada es peor que matarte en hacer algo para un jefe y cuando terminas (y lo haces a la perfección) lo único que escuchas es un silencio absoluto.

Patti Cohen ha dirigido la comunicación estratégica de Donna Karan International desde la creación de la compañía. Es mi jefa y mi mentora. Claro que cuando empecé en la empresa, no tenía el lujo de reportarle a ella. Comencé a hacerlo hasta que me convertí en ejecutiva hace algunos años. El ejemplar liderazgo de Patti es conocido en toda la industria de la moda. Es un ícono. Su reputación como una de las personas más adorables y genuinas en el mundo de la moda la precede a dondequiera que va. Patti siempre es la líder, pero una buena. No tiene miedo a dejar que su equipo brille. No sólo permitió mi crecimiento en Donna Karan International, sino que lo promovió. En definitiva, ella es la razón principal por la que nunca me he ido. Claro, amo la marca, pero la gente importa mucho más. Le doy el crédito a Patti porque me ayudo a convertirme en la jefa y mentora que soy. Siempre estaré agradecida por su sabiduría, apoyo y generosidad.

Cuando ves a alguien muy poderoso ser gracioso y colaborador, sólo puedes impresionarte y pensar: "¿Por qué no todo el mundo es así?" Bueno, si tú no lo eres, ¿por qué la gente haría un buen trabajo para ti? Tal vez obtengas los resultados que quieres algunas veces, pero al final tu equipo dejará de trabajar porque no querrá que tengas éxito. No puedes triunfar sin un gran equipo. La habilidad para motivar e influir en la gente es esencial.

Antes de Patti, tuve la fortuna de trabajar con Elizabeth, otra jefa muy amable que me alentó a crecer. Pero he aquí una posdata divertida para la historia. Cuando empecé a escribir este libro, llamé a Elizabeth para rememorar viejos tiempos y llenar algunos espacios en blanco sobre la época en que trabajé en *Atelier*. Muchas de las cosas que recordábamos eran iguales, menos mi entrevista con Heather ¿Estás sentado? Porque en verdad escucharás una noticia fuerte: la reunión con Heather no resultó tan buena como siempre creí. En resumen, resulta que cuando salí de su oficina, le llamó a Elizabeth para decirle "¿Estás segura de que quieres contratar a *ÉSA?*" Cuando Elizabeth me dijo esto quedé boquiabierta. Heather continuó: "¿No crees que es demasiado agresiva? ¿Que terminarás trabajando para ELLA?". Auch. Tenía veintidós años y puedo jurar que no era agresiva. De hecho, Elizabeth estuvo de acuerdo conmigo. Más bien era segura.

Cuando sabes que harás todo para sacar el trabajo, eso te da seguridad. Si la gente aprecia tu trabajo, como Dean y el equipo de *Haute*, eso te hace segura. Sin embargo, Heather tenía una educación diferente. Apostaría mi vida a que cuando ella estaba tratando de conseguir una promoción, hubo muchos que intentaron limitarla. Sólo es una suposición, pero apuesto a que es muy buena. Como no tenía ninguna posición (literal), no me otorgaba el derecho a ser segura y tener confianza.

Cuando ocurrió mi entrevista, Elizabeth le explicó a Heather que amaba mi personalidad y energía. También le dijo que no le preocupaba terminar trabajando para mí. Aprender esto tantos años después fue un total choque para mi sistema. Me tomó unos minutos entender la realidad de esta conversación. ¿Casi no obtuve el trabajo? Ésa es la verdad, ¿no? Por suerte para mí, Elizabeth era muy segura de sí misma y decidida. Su opinión sobre mí pesó mucho en la decisión. En pocas palabras, si no fuera por Elizabeth, mi carrera en el mundo de la moda se habría detenido ahí.

Me gustaría tomar un momento para hablar sobre las personas fuertes que apoyan a otras igual. Como soy una persona que ahora está en la posición de contratar, puedo decirte que muchos candidatos vienen a mi oficina para una entrevista y asustan a mi equipo. Su problema es que "ella es demasiado…" o "es muy agresivo". Parece que todo el mundo descarta a la gente que sabe lo que quiere y a quienes se creen que son una ventaja para el equipo. Me siento en una silla diferente porque sé que una vez fui esa chica. Si hubiera intimidado a Elizabeth, tal vez no te estaría contando esta historia. Como he dicho antes, hay una gran diferencia entre ser seguro y ser engreído.

Es fundamental que apoyemos y celebremos a los que tienen un gran sentido de identidad. Rodearse sólo de gente pequeña puede hacer sentir grande a alguien, pero es un falso sentido de fortaleza. Entre más fuerte sea el equipo que construyas, más logros podrás obtener. **CONSEJO: Los verdaderos líderes nunca tienen miedo de la gente que camina tras ellos porque están muy ocupados pensando en el futuro.**

El liderazgo es una combinación de estira y afloja. Debes encontrar el balance entre dar órdenes y ser uno más del equipo. He descubierto que la clave para el liderazgo no es sólo tener habilidades para guiar, sino también ser un jefe agradable.

Tómate una selfie: ¿Eres un líder agradable?

1. ¿Das crédito a alguien cuando lo merece? No hay nada más desmoralizante que tener un jefe que se apropia el crédito del trabajo de otros. ¡No lo hagas! Además, las personas que dicen saberlo y hacerlo todo son muy desagradables. Difunde la riqueza.

2. ¿Felicitas a los miembros de tu equipo? Un cumplido es gratis y darlo hará que se sientan bien tanto tú como la persona que lo recibe.

3. ¿Muestras tu lado humano? Sí, tú eres el jefe, pero eso no significa que tengas que actuar como robot. Un líder agradable muestra preocupación por su equipo.

4. ¿Aprovechas el talento? ¿Qué importa si tu asistente acaba de empezar? Si es buena en x, y y z, ¿por qué no la dejas agregar eso a la presentación? Los empleados quieren saber que les reconocen sus habilidades. Si le muestras a un elemento que reconoces sus fortalezas y alientas su crecimiento, se quedará. Mantener un equipo intacto y apoyar desde dentro es símbolo de un director fuerte. A las compañías les gustan los directores fuertes.

5. ¿Eres honesto? Tu equipo sabrá si no lo eres y empezarán a desconfiar de ti. La sinceridad y la transparencia no sólo son apreciadas, son requeridas. Sin honestidad no hay respeto.

6. ¿Has librado la batalla desde la trinchera? Demostrar a los miembros de tu equipo que quieres ayudarlos te llevará muy lejos.

7. ¿Eres justo? Necesitas mantener a tu equipo motivado, así que no tengas favoritos.

8. ¿Eres capaz de resolver conflictos de forma amigable?

9. ¿Estás abierto a nuevas ideas?

10. ¿Confundes ser agradable con siempre decir que sí? No lo hagas. Los líderes deben ser asertivos y decisivos.

Así como Dean, Elizabeth y Patti me guiaron a mí, a lo largo de los años he tratado de hacer lo mismo con buenos candidatos. Ayudar a alguien a lograr algo mejor de lo que hubiera conseguido por sí solo es muy poderoso. La gente no siempre se da cuenta de que entre más personas ayudes, más grande será tu red de contactos. Esto significa que tienes más personas a quienes llamar cuando sea tu turno de pedir ayuda. **CONSEJO: Un karma positivo siempre es buen negocio.**

Pero los mejores líderes están en contacto consigo mismos. Están conscientes de sus fallas y evalúan de manera constante su estilo de dirección. Son colaboradores y abiertos al cambio. Un líder es tan bueno como la gente a la que sigue. Así que mientras subes posiciones, recuerda el final del juego. No se trata de obtener la mejor oficina, sino ser capaz de motivar e inspirar a otros. Entre mejor dirijas un grupo, mejor conseguirán el objetivo.

CAPÍTULO DIECIOCHO

Haz que los cocteles cuenten

Llevaba unos meses haciendo mis prácticas en la revista *Haute* cuando Dean me invitó a un evento de moda. Era una fiesta de coctel para celebrar el lanzamiento de una colección de zapatos. Estaba orgullosa de haber sido invitada y, aunque ni por un segundo hubiera pensado que mi rol era más allá de "la becaria con suerte", ¡me sentía maravillosa! Al menos parecía que encajaba.

En la reunión estaba parada junto a Dean y tenía una copa de champán en la mano; de repente, una mujer llegó corriendo a darle la bienvenida.

—¡¡¡Queridísimo Dean!!! ¡Es maravilloso verte! —exclamó con acento italiano y dándole dos besos.

Contestó el saludo y le dijo:

—Mónica, me gustaría presentarte a...

Antes de que hubiera tenido la oportunidad de decir mi nombre, Mónica (quien resultó ser la esposa del diseñador) me dijo:

—¡Mira quién está aquí! No te había visto en años. ¿Cómo estás querida? ¡Qué gusto me da verte!

Espera, ¿¿me estaba hablando a mí?? No había forma de que me conociera. ¡Yo no era nadie! ¡Una becaria! Entré en pánico, con visiones de ella hablando con efusividad de gente que pensaba que teníamos en común, pero yo no conocía. Así que decidí corregirla de forma muy cortés.

—Mónica, discúlpame, pero creo que me confundes con alguien más. Verás, soy la becaria de Dean.

Bien, pues no le gustó que la corrigiera, resopló y se fue muy molesta. Morí por dentro, giré hacia Dean y me disculpé profundamente por avergonzar a su amiga y, en consecuencia, a él. Claro, pude haber seguido el juego, pero me atraparía desprevenida y me asustaba que me descubriera en una mentira. Dean pensó que el asunto había sido muy gracioso y (¡fiu!) tuve suerte en mi primera vez.

Después de ahogado el niño se tapa el pozo. Hoy en día, antes de acudir a cualquier reunión, siempre me doy un tiempo para guglear a todos los personajes importantes que tal vez asistan. No puedes ir a una fiesta sin saber cómo son los anfitriones. Tal vez conozcas o reconozcas a la gente a tu derecha o izquierda. Con internet, en verdad no hay excusa para no ser hábil en caras y nombres clave. Esto es una actividad por completo de RP, pero pienso que se aplica para cualquier industria o sector. Saber es poder. Pero eso también implica no quedar en ridículo por no saber quién es la gente.

Aun si conoces al hombre del momento, todavía puedes aprender nuevas formas de mejorar tu desempeño social IRL (*In real life*, en la vida real). Hace algunos años, tuve el placer de asistir a una fiesta de coctel privada en la casa del jefe de mi esposo, el anfitrión era nada más y nada menos que el presidente Bill Clinton. Y como era una reunión pequeña, todo sabíamos que tendríamos la oportunidad de conocerlo.

Se sabe que el presidente Clinton tiene una personalidad carismática, pero no había entendido muy bien a qué nivel... hasta que hablé con él. Era encantador, agradable y fascinante como todo el mundo decía. A todos nos hizo sentir como si de verdad estuviera interesado en lo que platicábamos y en quiénes éramos. Estoy cien por ciento segura de que se olvidó de todos nosotros dos segundos después, pero en realidad eso no importa. Lo que importa es qué tan especiales nos hizo sentir en ese momento.

De niña, recuerdo que mi madre me decía: "No olvides ver a los ojos cuando te hablen", pero esto era otro nivel. Regresé a casa pensando cómo me comportaba cuando las personas me hablaban. ¿De verdad las escuchaba? ¿En serio me importaban? Aun si no me importaban, ¿les demostraba que sí? Me causaba mucho interés, así que a partir de ese día decidí seguir el ejemplo del presidente: escuchar a los demás y hacerlos sentir importantes.

Una vez, un hombre sabio dijo: "No puedes estar interesado a menos que de verdad te interese". Como a la gente le gusta hablar y ser escuchada, los que de verdad escuchan juegan un rol invaluable en la cadena alimenticia social. Decidí poner atención a los roles que juegan las personas en las fiestas de coctel, donde por lo general se dan muchas conversaciones rápidas cuando chocas con alguien que nunca habías visto o conoces gente nueva.

Llevaba a cabo mi "Experimento de fiesta de coctel" cada vez que iba a una reunión. Para mi sorpresa, siempre pasaba lo mismo. Empezaba a platicar con alguien y le preguntaba a qué se dedicaba. Desde luego, me contestaba con alegría. Luego seguía hablando y seguía y seguía y seguía y me contaba sobre su trabajo, sus logros recientes, bla, bla, bla. Me quedaba parada, reflexionando en lo ensimismada que estaba la otra persona y yo casi ni hablaba.

Después de algunos minutos egoístas, de repente la otra persona se daba cuenta de su charla, como si pensara: "¡Ups, no le he preguntado sobre ella!", entonces me decía: "Suficiente sobre mí, ¿qué hay de ti? ¿Cómo has estado?"

Ésa era mi entrada. Respondía: "Bien, gracias, todo casi igual, pero muy bien". Entonces me preguntaba algo específico y cuando empezaba a contestarle me interrumpía y regresaba la conversación en torno a él. En verdad era asombroso. Al hacer esto me demostraba que en realidad le importaba un comino quién era yo o qué tenía que decir. Estaba más interesado en hablar de sí mismo. Aunque en este escenario narrativo he usado un "él" hipotético, ten por seguro que lo mismo pasa cuando platico con una mujer.

Me encantaría decirte que este escenario era limitado sólo a cierto tipo de personas, pero por desgracia no es el caso. Conforme seguía llevando a cabo mi experimento, siempre yo era la interesada, la que observaba con atención y escuchaba cada palabra que la otra persona decía. Esto me entristecía y sorprendía al mismo tiempo. Aunque visto por el lado bueno, tal vez esto me convertía en la persona con la que todos querían platicar. Oye, si le funcionó al presidente Clinton...

Tómate una selfie: ¿Sabes cómo conducirte en una fiesta de coctel?

Una de las habilidades más importantes por aprender es cómo contactar con los demás. Sin embargo, para dar este paso todavía más grande, debes sentirte cómodo con la idea de crear estas conexiones SOLO.

Ésta es una buena prueba. Un cliente te invitó a una fiesta de coctel. No tienes con quién ir y no conoces a nadie salvo tu cliente, quien estará ocupado atendiendo a sus invitados. ¿Irías? ¿Puedes estar solo y pasártela bien? Mucha gente prefiere morir antes que ir sola a una reunión. No les entra en la cabeza ir por su cuenta. Pero a quien sabe que tiene algo que ofrecer no le causa problema ir sola a donde sea. Debes conocer tu autoestima y ser capaz de contribuir en cualquier conversación. Una buena idea para que pruebes tus capacidades es ir a una reunión no relacionada con tu trabajo. Habrá menos presión por no conocer a nadie y puedes practicar tus habilidades para fiestas de coctel.

La clave para el éxito en esto es siempre recordar que a la gente le encanta hablar de sí misma, así que la mejor manera de empezar una conversación (en especial con alguien que no conoces) es hacerle una pregunta o un cumplido. Por otra parte, si ya sabes que cierta persona estará ahí, ¿por qué no preparar lo que vas a decir? Puedes felicitarla por algo que hizo en las últimas fechas, como un logro en algún proyecto o industria. Otra opción es la técnica "estamos en el mismo barco" y comentar algo que ambos experimentan en ese momento. Por ejemplo, cuando estás en un bar lleno o la fila para pedir un trago es muy larga. La clave es encontrar un punto en común, algo que te relacione con la otra persona.

Pero tu forma de hablar es lo importante. Necesitas ser fresco y sonar natural. Siempre imagínate al mismo nivel que tu oyente, aun cuando no sea cierto. Esto te dará la seguridad necesaria para entablar una buena conversación.

¡Hazlo! Tips para conversar en una fiesta de coctel

1. Información de tu anfitrión. Identifica a la persona que organiza, dirige o patrocina la fiesta. Esto evita cualquier situación incómoda y hace que te veas como todo un conocedor. Si irás a una reunión relacionada con el trabajo y no conoces al anfitrión en persona, búscalo en Google. Investiga cómo es, cuál es su cargo o título y si tiene logros recientes.

2. Saca la cabeza de la tierra. Si sabes que te reunirás con algunas personas, lee las noticias del día. No sólo las de tu negocio, sino las del mundo en general. Nada es peor que estar en un grupo donde todo el mundo está hablando de algo y tú en silencio porque no tienes ni idea de lo que pasó. Estar armado con información nunca será un desperdicio porque siempre puedes actuar el papel de educador ante los demás. Eso trae el bono extra de mostrar que estás muy documentado.

3. Estira y afloja. Las mejores conversaciones son donde los roles se alternan. Primero uno es el foco de atención y luego el otro. Sé consciente de cuánto tiempo llevas la batuta y luego pásala. Formula preguntas que muestren que de verdad te interesa lo que la otra persona te dice. Si él o ella no te regresa el favor, sólo recuerda al presidente Clinton y disfruta de saber que eres el oyente más involucrado de la fiesta y la persona con la que todos desean hablar (porque eres muy agradable). Funciona como por arte de magia.

4. Tómate un respiro. No hay razón para merodear sin hablar con nadie. Ve al baño, arréglate y regresa. Tu teléfono puede ser un gran acompañante, pero recuerda que la gente no habla con alguien que usa su teléfono. Cuando entras al escenario, muéstrate accesible.

5. Haz que funcionen tus conexiones. Si contactaste a alguien en la fiesta, pídele su tarjeta. Nunca sabes cuándo la puedas necesitar o hasta dónde te llevará. PERO debes escribirle a esa persona al día siguiente, mientras todavía estás fresco en su memoria. Redacta un *email* corto y simple. Algo así:

John:
¡Fue genial contactarte anoche! Te dejo mi información por si alguna vez necesitas algo.

Aliza.

(Tu *email* debe llevar una firma automática con nombre, cargo, compañía, etcétera.)

Si la persona a la que conociste tiene un cargo mayor al tuyo, es buena idea ser un poco más formal:

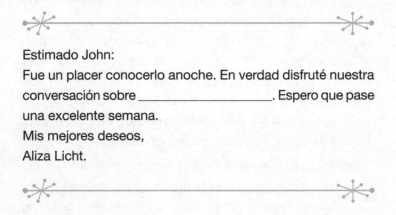

Estimado John:
Fue un placer conocerlo anoche. En verdad disfruté nuestra conversación sobre _____. Espero que pase una excelente semana.
Mis mejores deseos,
Aliza Licht.

(Tu *email* debe llevar una firma automática con nombre, cargo, compañía, etcétera.)

Algunos puntos a señalar:

1. Al *email* más formal le agregué "estimado".
2. Mencionar a la persona algo específico de lo que hablaron con suerte refrescará su memoria sobre quién eres.
3. Es presuntuoso pensar que una persona de rango más alto necesitará tu información de contacto, así que no lo menciones (sólo agrégalo como firma automática).
4. Fíjate en los signos de exclamación porque tienden a hacer tu tono más entusiasta (y por lo tanto más informal). Úsalos con moderación si tratas de dar una impresión más profesional.

¿Y qué pasa cuando la reunión a la que asistirás es con tus compañeros, como una *happy hour* en la oficina? Por supuesto, no debes enviar *emails* de seguimiento a la gente con la que hablaste, pero necesitas un objetivo.

Seré más clara. El que te inviten a una reunión relacionada con el trabajo no significa que sea buena idea tomarte cuatro cocteles y comportarte como un perfecto idiota. Por el contrario, en general deberías evitar el alcohol si eres alguien que: *a*) no puede controlar su forma de beber, o *b*) cuando toma se le va la lengua. Los sucesos relativos al trabajo son momentos para construir y expandir tus contactos. Te aseguro que aunque lleven años en sus carreras, los que se emborracharon en la fiesta de Navidad de la oficina no sólo fueron juzgados, sino que su comportamiento jamás se olvida.

Así que ¿de qué hablar y cómo actuar?

1. Intenta no tocar temas relacionados con problemas o proyectos del trabajo. La gente está tratando de olvidar el trabajo diario y monótono. No seas el aguafiestas de la oficina.

2. No des cuerda a chismes. Si la gente está criticando a un colega a sus espaldas, quédate callado. Mejor aún, discúlpate del grupo y pregunta si alguien quiere un trago.

3. No esperes juntarte con tu jefe. En las reuniones sociales de trabajo la gente es muy rara respecto a las jerarquías. Una cosa es si se da natural, pero si no, platica con tus compañeros.

Perfeccionar estas habilidades mejorará mucho tus contactos, pero es igual de importante alimentar las relaciones fuera de la oficina. Acéptalo, conocer sólo un tipo de gente es aburrido. Conozco algunas personas en el mundo de la moda que sólo se juntan con amigos del mismo medio. Lo mismo le pasa a unos conocidos del área financiera. Esto no te va a dar una visión integral o completa, y mucho menos te ayudará a construir una red de contactos. Además, en general, no aprendes de otros que saben lo mismo que tú. De hecho, me encantan las reuniones con personas de RP que trabajan en industrias que no tienen nada que ver con la moda. Llegan con una perspectiva por completo diferente, pero los principios son los mismos.

Ya sea que lo hagas a través de grupos de negocios, reuniones sociales, incluso en deportes de recreación, exponerte a una gran red de contactos fuera de tu círculo inmediato te guiará a oportunidades únicas para "polinización cruzada", lo cual no sólo te da más fuentes de donde echar mano, sino que te hace un conector clave entre personas. De hecho, ser esa persona a la que todo mundo localiza para conseguir un contacto o un consejo establecerá tu estatus y, al final, tu marca personal.

No importa cómo o dónde elijas conectar con gente nueva, recuerda esto: las personas más exitosas son generosas de espíritu y felices de presentar a alguien más aun cuando no haya un beneficio visible para ellos. Se llaman superconectores. Ser un superconector genera un karma muy bueno y te ayudará a establecerte como alguien conocedor.

Pero antes de salir y contactar gente, no olvides tener claro qué representa tu marca personal. No sólo necesitas socializar para tu trabajo, también para la vida. Hacer conexiones te da la oportunidad de tener influencia y comunicar tu marca personal mientras aprendes sobre los demás. Este intercambio de información es un beneficio mutuo. **CONSEJO: Si no conoces el mensaje que intentas transmitir, no sacarás lo mejor de esta experiencia.** Si piensas que cada relación que construyes es un peldaño en la escalera, el último te lleva al siguiente. Si continuas construyendo estos escalones, nunca sabrás dónde terminan...

CAPÍTULO DIECINUEVE

Presenta como todo un profesional

Hice el experimento de escuchar en las fiestas a pesar de que me encanta hablar en público. En mayo de 2013, me pidieron que fuera la oradora principal en la primera conferencia de TEDx Times Square[5] en Nueva York. La misión de las conferencias TED es que proliferen "las ideas que valen la pena". Mi trabajo fue preparar un discurso sobre "El poder de ser real", que cubriría una gran gama de temas en doce minutos, doce minutos exactos, no más, no menos. TED es muy específico sobre la forma en que se presentan sus conferencistas. Para ese fin, no se permiten notas. Lo bueno es que me siento muy cómoda hablando sobre un escenario y de hecho prefiero hacerlo sin notas. Pero lo aterrador sobre hacer un discurso

---

[5] TED es una organización no gubernamental que realiza conferencias de gente exitosa y emprendedora. (Nota de la T.)

para TED es que no hay lugar para errores. El tiempo que te asignan es muy específico y finito. Si olvidas abarcar algo, tendrás mala suerte. Extiéndete en un área y te verás obligado a brincarte algo. Es el tipo de discurso que ensayas frente a un espejo o un amigo. Por suerte, el mío resultó muy bien. Estaba feliz de haberlo logrado con éxito.

Así que podrás pensar que me sale natural, ¿no? Si no me conociera, yo también lo pensaría. Bueno, pues estás en un error.

Déjame llevarte de regreso a la primaria. Yo estaba sentada en la clase de lectura de la maestra Glass y era mi turno de leer en voz alta. Recuerdo muy bien el sonido de su infranqueable voz diciendo: "Aliza, por favor, lee el siguiente párrafo." Mientras estaba sentada ahí, comencé a juguetear nerviosa con una pulsera de cuentas que tenía. La maestra Glass me llamaba "¡Aliza!" una y otra vez, y yo continuaba tensando la pulsera hasta que se rompió y todas las cuentas salieron volando por el salón. La señora Glass estaba muy irritada y comenzó a gritarme porque yo ignoraba sus instrucciones, jugaba con mi joyería en clase y era rebelde. De lo que no nos dimos cuenta en ese momento fue de que no logré soltar ni una palabra.

Recuerdo que al regresar a casa, lloraba con mi mamá por esa situación. Mientras le contaba la historia, se veía que ella ya conocía el final. Una madre siempre sabe. Al parecer (y esto era nuevo para mí) tenía un problema de tartamudeo. Restringía mi aliento y las palabras quedaban atoradas en mi garganta, y cuando trataba de forzarlas salían cortadas.

Las vocales eran lo peor. Como es natural, nada me ponía más ansiosa que un maestro pidiendo que nos presentáramos, porque mi nombre comienza con una vocal. Siempre era el mismo escenario. Mientras cada niño decía su nombre, yo me ponía más y más nerviosa porque mi turno se acercaba. Todos eran capaces de sólo decir su nombre: Heather, Adam, Lisa, David. Era pan comido. Y después estaba yo. Simplemente no podía decir Aliza, porque sabía qué pasaría, tenía que decir "Mi nombre es Aliza". Pero tenía suerte si lograba decir siquiera eso. A fin de cuentas era una experiencia traumática.

Era peor cuando tenía que hacer el reporte de un libro o una presentación. En algún momento llegué a estar tan mal que rogaba a mis papás para que escribieran una nota a los maestros y no me obligaran a presentar.

Supongo que la lectura de la maestra Glass fue la gota que derramó el vaso. Mi madre decidió que era momento de hacer algo. Poco tiempo después, comencé a ir con un terapeuta del lenguaje una vez a la semana en Manhattan. Mi mamá manejaba desde Long Island hasta la calle 57, donde estaba la oficina del doctor Haskell. Era un maravilloso terapeuta. Me enseñó una técnica llamada "Flujo de aire pasivo", que me ayudó a sacar las palabras con seguridad. Muchos ejercicios fueron "en el campo": me llevaba a la tienda de bagels de la esquina y hacía que ordenara por él. Me ponía a hacer bromas por teléfono y pedir hablar con X persona. En resumen, hacer cualquier cosa que pusiera mi habla en el centro de atención. Esto duró años. Por último, me gradué con el doctor Haskell y pasé con la doctora Donna Cooperman al norte de Long Isalnd. Ella continuó el trabajo. Para esa época ya estaba en secundaria. Había tenido muchos progresos. Sin embargo, jamás imaginé que un día daría un discurso ante miles de personas y sería visto miles de veces en internet.

No puedo darles todo el crédito a mis doctores. Mucho se lo debo a mis padres, que reconocieron el problema y se dedicaron a resolverlo. Y lo más importante, infundieron confianza en mí desde una edad temprana. En realidad, algunas veces su confianza en mí debió ser falsa, pero ¿"finge hasta que se haga realidad" no se trata de eso? Nunca me hicieron sentir menos o que tenía un problema.

Por eso nunca debes cerrarte. Las etiquetas son el enemigo. No puedes pensar: "Oh, no puedo hacer eso por x, y o z razón". Tienes que pensar: "Puedo hacer eso a pesar de x, y o z razón". Al final logré salir adelante y hablar frente una audiencia gracias a que mis padres y mis terapeutas me empujaron a creer que podía. Si puedo hablar en público después de no ser capaz de decir mi nombre, entonces cualquiera puede hacer lo que sea, excepto perder los últimos cinco kilos, porque esos son imposibles.

¡Hazlo! Aprende a hablar en público

Ya has escuchado esto antes: subir y pretender que todos están desnudos, ¿o no? Nunca he entendido eso. ¿Cómo puedes pretender que todos están desnudos cuando están frente a ti usando ropa? Eso no funciona. Aquí hay algunos consejos clave que sí funcionan, sea que hables frente a diez personas o trescientas:

1. Conoce el contenido. No sólo debes identificar lo que vas a decir, también los puntos clave que quieres que tu audiencia se lleve. Escribir los puntos clave te ayudará a entender el objetivo de tu discurso. Conclusión: lo importante no es sólo hablar, sino hacerlo con

un propósito definido. Debes saber a dónde te diriges para llegar ahí.

2. Si muestras diapositivas, no las llenes de palabras. ¡La gente comenzará a leer y no a escuchar! Yo uso cada página sólo para introducirme a un tema en particular. Sólo necesitas una frase clave para recordar la historia que cuentas. También usa la "lección aprendida" como título de cada página, lo que facilita que la audiencia entienda lo que debe aprender antes de que comiences. Si quieres esperar hasta el final para revelar tu lección, añádela a tus notas personales para identificar las líneas clave y deja el título de la diapositiva como un "inicio de conversación".

3. Practica, practica, practica, ¡ante la camara! Necesitas saber cómo suenas y luces cuando das una plática. Yo odio verme a mí misma ante la cámara, pero es un mal necesario, así que aguántate y hazlo, ¿Usas muletillas sin darte cuenta? Son esas palabras para ayudarte como "em" o "este", o preguntar al público "¿saben a qué me refiero?" Estas palabras de "ayuda" pueden hacerte sentir más cómodo, pero suenan horrible. ¿Juegas con tu cabello o te meneas de un lado a otro? Toma nota de todas las cosas raras que hagas. Tienes que ser muy crítico para mejorar. Hazlo hasta que obtengas un buen resultado.

4. Debes aprender a leer ante una multitud y hacer un chiste. ¿Hay gente en sus *iPhones* en vez de ponerte atención? ¿Esperabas que rieran y no lo hicieron? La mejor manera de lidiar con momentos tan incómodos es alivianando el aire con un momento de frivolidad. A veces cuando hablo en un lugar lleno de gente y no se ríen de algo como yo esperaba, recurro a algo como:

"Wow, audiencia difícil" (con una gran sonrisa), lo que de forma inevitable los hace reír. Durante mi platica en TEDx mostré un video, cuando terminó yo esperaba que la gente aplaudiera y no lo hizo, así que los alenté con un: "Vamos, está bien aplaudir". Como verás, muchas veces no se trata de que hagas las cosas mal, sino de que la audiencia no sabe cómo reaccionar. La mayoría de las veces el salón estará lleno de extraños, y nadie quiere ser el único riendo o aplaudiendo, por lo que es más seguro no hacer nada. Decir lo que la gente debió hacer facilita la reacción.

5. Establece tu estilo. Antes de dar una plática, siempre me gusta compartir con la audiencia lo que haré (excepto por la plática de TED, en la que no tuve otra opción que ir al grano). Por ejemplo, le digo a los presentes que quiero que haya interacción, así que los aliento a hacer preguntas o comentarios. Cuando abro la posibilidad de interrupciones al cuestionar si alguien tiene alguna duda, puedo tomar un momento para reagrupar mis pensamientos y preparar lo que sigue.

6. Edita el discurso al tiempo necesario. Siempre es bueno preguntar cuánto tiempo tienes para hablar. Hace una gran diferencia. No todos los discursos pueden darse en poco tiempo. Cuando sabes que estás presionado por el tiempo, reduce las citas para ajustarte a lo asignado. Yo aprendí esto a la mala cuando fui a un *show* matutino con un reconocido actor. Era yo "la publicista" contra él, el experimentado "actor," y sabía que tendría diez segundos para dar mi mensaje, mientras él tendría la mayor parte del segmento. Corté mi mensaje a un pequeño enunciado o dos. Si era justo el tiempo que iba a tener, al menos metería todo lo que necesitaba.

7. ¡Mantén la cabeza en alto! Incluso si usas notas, es imperativo hacer contacto visual con la audiencia. He visto a mucha gente leer sus notas, sin levantar nunca la cabeza. Es una manera pobre de hablar y demuestra qué tan incómodo te sientes.

8. ¡Respira! Recordar que tienes que respirar cuando presentas un discurso es en verdad importante y de mucha ayuda. La respiración ayuda a que las palabras salgan con facilidad y gentileza. Te sentirás más relajado si te concentras en tu respiración. En especial después de salir a escena.

9. Sonríe. Aprendí a sonreír mientras hablo. Sonreír hace que la audiencia se sienta más cómoda y que te veas mejor.

La próxima vez que veas a alguien presentando en una reunión o conferencia más grande, piensa en todo lo que acabas de leer. Te sorprenderá cuántos ejecutivos de alto nivel no tienen ni idea de cómo hablar en público. Algunos no se proyectan bien, mientras otros tienen hábitos nerviosos. Aprender a presentarse como un profesional es una de las habilidades más importantes en tu vida profesional. En serio, si no haces nada más, ¡darás en el clavo con esta habilidad! Pero justo como con cualquier otra habilidad, la práctica hace al maestro.

Sé qué piensas: "No necesito esto porque nunca hablaré frente a una audiencia grande". Bueno, si en verdad quieres ser exitoso, aprende a hacerlo. Hablar en público comienza en el salón de conferencias y puede expandirse a partir de ahí. La mayoría de las personas no habla bien frente a un grupo, lo consideran abrumador y prefieren esconderse en una esquina a tener que hacerlo. Lo entiendo. Yo solía ser así. Pero, si logras vencer el miedo como yo lo hice, te abrirás a otro mundo. **CONSEJO: Los buenos oradores no sólo atraen atención, también respeto.** Es una habilidad que vale la pena en cualquier nivel, y mientras más pronto empieces llegarás, más pronto a ser mejor.

Conclusión

Cada año, la revista *Glamour* organiza un acto inspirador llamado Premios Glamour a la Mujer del Año. Siempre que voy se me olvidan los pañuelos y vaya que se necesitan. No hay un sólo par de ojos que contenga las lágrimas cuando honran sobre el escenario a estas mujeres de todos los ámbitos de la vida. Desde celebridades que trabajan en causas asombrosas hasta heroínas diarias de las que tal vez nunca has escuchado hablar, la enseñanza es la misma: todas y cada una de las personas tienen la voz y el poder para hacer que el cambio ocurra. Esto es fácil de olvidar porque nos pasamos la vida venciendo los pequeños obstáculos que se atraviesan.

En 2013, *Glamour* premió a Malala Yousafzai, de dieciséis años, activista por la educación de las niñas en su nativo Pakistán y en el extranjero. Un año antes, un talibán atacó el autobús escolar donde viajaba y le disparó en la cabeza tratando de silenciar su voz. Malala no sólo vivió para contarlo, sino que también creó la Fundación Malala. Esta organización se esfuerza por ayudar a niñas y adolescentes de países en desarrollo cuya educación está prohibida por factores sociales, económicos, legales y políticos.

Cuando escuché hablar a Malala, me conmoví más allá de la comprensión. Dijo: "Las chicas en Pakistán no deseamos un Xbox u otras cosas lujosas. Sólo queremos un libro y una pluma". A través de una convicción auténtica y dedicación a su causa, Malala lucha para impactar de manera directa en la educación, la autodeterminación y el fortalecimiento personal de niñas y jóvenes. Ahora, a sus diecisiete años, la persona más joven en ganar el Premio Nobel de la Paz, demuestra, de modo conmovedor, el poder de una sola mujer.

Para mí, escuchar a Malala fue un gran recordatorio. Pienso que si tienes el lujo de la educación y la experiencia, es tu obligación compartir ese conocimiento. Es una de las razones por las que escribí este libro: para devolver el favor ayudando a otros como me ayudaron a mí. Espero que las experiencias aprendidas a lo largo de mi carrera te armen con seguridad y conocimiento para actuar con fuerza y decisión. Si no estás bien convencido de que tu actual carrera profesional es la correcta, espero que este libro te inspire para examinarte larga y profundamente. Deseo que te ayude a descubrir qué quieres hacer en verdad. Después de todo, el viaje de una carrera profesional puede ir en muchas direcciones. ¿Qué habría sido de mi vida si nunca hubiera tenido el valor para dejar la medicina y dedicarme a la moda, mi pasión de la infancia? ¿Y qué pasaría si tomas la decisión de asignarte un papel por completo diferente?

Aunque es cierto que no hubiera llegado tan lejos sin el maravilloso apoyo de los demás, nunca les pedí que hicieran el trabajo duro por mí. Luché mucho, a veces valió la pena y fue compensado, y otras no. Así como llevabas una boleta de calificaciones con puros dieces y no te decían nada, igual tu jefe tal vez ni siquiera note todo el esfuerzo que hiciste. Es posible que el crecimiento de tu carrera no se mueva al mismo ritmo que tu cronología en las redes sociales. Quizá no te consideren para una promoción. Pero la paciencia es una virtud y nada es más importante que la dedicación y la perseverancia. No renuncies cuando las cosas se pongan difíciles y tampoco llores cuando esas dificultades parezcan eternas. Eres la estrella de tu propio *show*, pero no esperes trato de celebridad en la alfombra roja. Debes respetar los plazos y pagar las cuotas. Todo valdrá la pena, te lo aseguro.

Cada día me aliento a cumplir nuevos desafíos. Escribir este libro fue el más reciente. Espero que tú también sigas imponiéndote retos. Sólo extiende los límites de lo que crees posible o puedes manejar y aprende algo nuevo TODOS LOS DÍAS. Recuerda que el cambio no debe ser fácil, si lo es, entonces no es un verdadero cambio.

Así que realiza tu pasión. Lleva todos estos consejos contigo a lo largo de tu viaje y recuerda devolver el favor. Tu historia es sólo el principio y no puedo esperar a ver dónde termina...

Es tiempo de crear tu marca.

Glosario o palabras que el autocorrector debería saber

(*S): Inventé un símbolo para el sarcasmo, porque no lo hay. ¿Holaaa? En verdad es súper necesario. Ejemplo: Estoy feliz porque todo el trabajo que hice en mi computadora se borró. Velo por el lado bueno: acabo de enviar un reporte de error y todo se va a arreglar. (*S)

Anna Wintour: Británica directora editorial de *Vogue* desde 1988. Es considerada la editora de moda más famosa del mundo y una poderosa *broker* que fomentó la carrera de muchas modelos.

Arthur Elgort/Arthur Elgort's Models Manual: Arthur Elgort es un fotógrafo de moda estadounidense conocido por crear imágenes vivas y relajadas en locaciones del mundo real. Sus modelos nunca posan y muchas veces están en movimiento. Publicó varios libros de fotografía, incluyendo *Arthur Elgort's Models Manual* en 1993. Este libro lleno de supermodelos muestra la vida frente al lente y detrás de cámaras.

Avatar: Es la foto, imagen o gráfica que se usa para representar la identidad del usuario en las redes sociales.

Bernfeld: Es mi apellido de soltera, el cual uso en el libro cuando hablo de los principios de mi carrera.

Carlyne Cerf de Dudzeele: Editora francesa de moda reconocida por ayudar a definir el *look* de las supermodelos en los noventa del siglo pasado. Su maravilloso estilo *high-low* (alto y bajo) combinaba la alta costura con los accesorios básicos diarios. En 1988, Carlyne diseñó la primera portada de la revista *Vogue* bajo la dirección de la editora recién designada Anna Wintour.

CelebX, EditorY, EstilistaZ, etc.: Es mi forma de indicar a las celebridades y otras personas notables en la vida real para respetar su privacidad. (¿Acaso creíste que iba a citar a cada famoso con el que he trabajado?) Puedes sentirte libre para imaginar cualquier celebridad que quieras o adivinar a quién me refiero. Pero nunca lo diré. Ejemplo: ¿Escuchaste que en el *fashion show* CelebX no quiso sentarse junto a CelebY?

Check-in: Es cuando una revista registra o documenta la llegada de una muestra de algún diseñador. Este producto se encontrará una temporada en el clóset de la revista hasta el *check-out*. Esto último es la documentación que prueba el regreso de dicha muestra a su diseñador. Ejemplo: Muchas veces, el trabajo de la asistente es tedioso pero esencial. Debe hacer el *check-in* de cada producto, tomar una Polaroid de los accesorios por separado y escribir en la misma foto, la fecha en que cada uno llegó al clóset.

Collage (mood board): Es un conjunto visual de imágenes y textos usado para describir un sentimiento general o ilustrar un estilo. Los diseñadores lo utilizan para desarrollar sus conceptos y muchas veces estas herramientas establecen el tono de una colección completa. Ejemplo: Saca imágenes de personas cuyo estilo admires. Haz un *collage* con ellas. Apuesto que tendrán muchas cosas en común.

Director/Gerente de comunicación: Es la persona encargada del contenido y las comunicaciones en las redes sociales de una marca. Ejemplo: Un excelente director de comunicación sabe cómo usar el contenido de una marca-perfecta para crear un alto nivel de compromiso con los seguidores o la clientela.

Directorio/Jerarquía en las revistas de moda: La jerarquía del *staff* editorial siempre se enlista en el directorio. Aparece en cada ejemplar de la revista y muchas veces se ve opaco y repetitivo. También puede ser confuso para un becario o aprendiz. Estos puestos, cargos o títulos cambian dependiendo de la revista, pero en general ésta es la clasificación (empezando por el puesto más alto):

Director editorial
Director de moda (o de estilo)
Director comercial
Director de accesorios
Editor de moda *senior*
Editor comercial *senior*
Editor de accesorios *senior*
Editor de moda
Editor comercial
Editor de accesorios
Asistente (de moda, comercial o de accesorios)
Becario

Donna Karan New York: Es una marca de moda norteamericana de fama internacional. Fue fundada y diseñada por Donna Karan. En su debut (en el otoño de 1985) Donna Karan New York exhibió un lujoso sistema de vestir que consistía en "Siete piezas esenciales". Donna Karan también es conocida por generar una revolución en la forma de vestir de la mujer en la década de los ochenta. DKNY es una línea secundaria introducida en 1989. Donna Karan hizo la colección pensando en sus necesidades informales (y para el fin de semana) y las de sus clientes. Las dos marcas se inspiraron en la energía y el pulso de la ciudad de Nueva York. Donna Karan, Donna Karan New York, DKNY y DKNY PR GIRL son marcas registradas de Gabrielle Studio Inc., subsidiaria de Donna Karan International Inc.

Editorial: Todo lo que ves en una revista que no es publicidad pagada. El trabajo de una persona de RP es asegurar la editorial en revistas, sitios web, blogs, etcétera. También se le conoce como prensa. La editorial está libre de conciencia de marca. Ejemplo: En la publicación de este mes de *Bazaar*, hicieron una editorial sobre la CelebX y su nueva casa.

El Talentoso Señor Ripley: Es mi forma de nombrar a las personas cuya locura o insensatez no se aprecia de inmediato. Por definición esta persona engaña para que los demás crean que es un empleado normal y funcional de una compañía. Saqué este término de la película de 1999 y de la novela de Patricia Highsmith de 1955, ambos del mismo nombre.

Ensayo: Es el proceso por el cual los editores de una revista revisan y consideran un producto para futuras sesiones fotográficas. Ejemplo: Presentaba sus ideas de todo esto en "ensayos" con el director editorial o el de moda.

Experimento de fiesta de coctel: Es un ejercicio que inventé para verificar si la gente que platica en una reunión, brindis o fiesta en verdad escucha a los demás con atención. Mis resultados son concluyentes: no lo hacen.

Fecha de entrega: Es cuando se debe regresar una muestra empaquetada en la bolsa del diseñador después de haber sido prestada a una revista (o agencia de relaciones públicas) para una sesión de fotos (de lo contrario se genera un gran problema).

Firma automática de correo: Es la información de contacto que se agrega de forma automática en cada *email* que envías (nombre completo, puesto, cargo o título, compañía, dirección, teléfono, etcétera).

Gossip Girl: Es una serie estadounidense de la cadena CW. En Latinoamérica también se le conoció como *Chica indiscreta.* Estuvo seis temporadas al aire, de 2007 a 2012. Trata sobre la vida de varios adolescentes privilegiados y a la moda que viven en el Upper East Side de Nueva York. Era narrada de forma omnisciente por una bloguera anónima conocida como Gossip Girl. Durante su primera temporada, esta serie me obsesionó y en verdad impactó mi vida. Pero conforme pasaron las temporadas, el argumento se fue desviando y me enojó cómo terminó.

IRL: *In real life* (en la vida real). Es decir, lo contrario del mundo digital o las redes sociales. Ejemplo: Aun si conoces al hombre del momento, todavía puedes aprender nuevas formas de mejorar tu desempeño social IRL.

Jerarquía: Muchas veces uso los términos "la jerarquía" o "respeta la jerarquía" en este libro. Hablo sobre cómo la gente está acomodada dentro de un departamento o compañía basados en la antigüedad o experiencia de su cargo. Los que van empezando su carrera deberían trabajar en respetar y entender la jerarquía. Ejemplo: Trabaja en tu actitud de *rock star* y brilla, pero siempre respeta la jerarquía. Entrega el 200 por ciento en cada situación para que, si no resulta, sepas que hiciste tu mejor esfuerzo.

Lenguaje de mensaje de texto: Es la forma informal en que la gente se comunica. Es cuando se usan abreviaturas, números y emoticones en los mensajes de texto. Esta forma de comunicación sólo se debe usar con tus amigos y familiares cercanos. No es profesional. Por ejemplo: Escribir una carta de presentación impactante significa no usar un lenguaje de mensaje de texto. Agrega "estimado" y "atentamente" y, por, favor, no pongas emoticones.

Llamado: Es cuando una revista solicita muestras de un diseñador para usarlas en una sesión fotográfica. Ejemplo: Necesitamos un enorme llamado de productos para las fotos. Después de que la revista los tiene por un rato, son regresados a su legítimo dueño.

Lookbook: Es un catálogo visual de los productos que ofrece una marca. A diferencia de los folletos de ventas, los *lookbooks* se usan como una herramienta de referencia dentro de la industria, en especial entre diseñadores, publicistas y editores de moda. Ejemplo: Mi primera tarea de negocios fue convencer a Amy de que un catálogo visual (*lookbook*) de los accesorios de DKNY era una forma estratégica de asegurar más publicidad facilitándole el trabajo a los editores de las revistas.

Manage up: El acto de desempeñarte en un nivel más alto del puesto para el que te contrataron. En español pueden variar los verbos: llevar a cabo, manejar o dirigir (responsabilidades mayores). Ejemplo: Quizá estaba manejando responsabilidades mayores, pero no lo había hecho durante un periodo de tiempo suficiente y no tenía la experiencia necesaria para darme cuenta.

Marca-perfecta: Una idea, concepto, eslogan, etcétera, que funciona dentro de los parámetros de una compañía o su producto. Algo que es marca-perfecta extiende la historia de la marca a través de una narración continua.

Mensaje directo (DM): Es un mensaje enviado de modo privado entre usuarios de Twitter.

Muestra: Es la versión original o el prototipo de un producto de diseñador (ropa, accesorios, zapatos, etcétera). Muchas veces se usan como patrón para la producción en serie del mismo. A diferencia de las muestras de queso en el supermercado (que son abundantes y para todos), las de moda son únicas en su tipo y como tal, supercaras.

Nube de palabras: Es la representación visual de un texto. Aquí el tamaño de las palabras muestra su importancia. Las nubes de palabras a menudo se usan para ayudar a analizar un texto por sus palabras clave. Por ejemplo, si eres una persona ruidosa, la palabra "ruido" en tu nube de palabras podría verse así: RUIDO

Olivia Pope: Es el personaje principal de *Scandal,* la exitosa serie creada por Shonda Rhimes. En este *hit* de la cadena ABC, Olivia es una experta en manejo de crisis que sabe encargarse de todo (y de todos). Es la heroína por excelencia de las relaciones públicas. Aunque no es muy buena en el amor.

Petición/Solicitud: Las revistas hacen solicitudes formales a las casas diseñadoras (o a las agencias de RP que representan a un diseñador o marca) para pedir las muestras que serán consideradas para una sesión fotográfica.

Polaroid: Se refiere tanto a la marca de la cámara tradicional, como al tipo de foto instantánea. Antes de que todo fuera digital, las Polaroid eran básicas para mantener los clósets en orden, documentar muestras, *looks* de moda o *castings* de modelos. En resumen, todo lo que pasaba en el mundo de la moda.

Presentar *(pitching)*: Sugerir o recomendar una idea a otra persona para su consideración. Los publicistas presentan historias a los reporteros o editores. Pero no es un término exclusivo de RP, cualquier empleado puede presentar una idea a su jefe.

Publicista: Es la persona cuyo trabajo es generar publicidad (conciencia de marca) para una figura pública, compañía o producto. Un publicista actúa como conexión entre su cliente y los medios, maneja la imagen de su cliente y forma el mensaje de la marca para el público consumidor.

Pull: Pedir prestadas muestras de ropa. Es un término usado por la gente que trabaja en el mundo de la moda. Puede usarse como verbo o sustantivo. En este libro se puso el término en español. Ejemplo: Muchas veces los editores piden prestados accesorios del clóset cuando tienen una cita o junta importantes.

Regina George: Es la villana principal de la película *Chicas pesadas*. En la película se transforma de mejor amiga a "mejor enemiga".

RP: A veces me preguntan qué significa RP. Por lo visto, algunas personas creen que significa Ruta Portuaria o Reverendo Padre. Pero no, al menos en este libro, significa relaciones públicas. Ahora ya lo sabes.

Sesión de fotos/fotográfica: Es un término en fotografía que significa tomar varias fotos de un producto, muestra, modelo, etcétera.

Síndrome del Apellido: Es el término que uso cuando la identidad de la gente se vuelve sinónimo de la compañía para la que trabajan. Ejemplo: El problema con el Síndrome del Apellido es que debes considerar lo que tu nombre significará por sí solo cuando dejes esa empresa reconocida.

Zombi: Es alguien que hace las actividades de su empleo sólo para cumplir. No aprovecha las oportunidades que le brindan dichas tareas para aprender todo lo que pueda sobre el trabajo, la compañía, el área laboral, etcétera.

Agradecimientos

¿Por dónde empezar? Supongo que el inicio es un buen lugar para hacerlo.

Cuando miro los casi veinte años que he pasado en el mundo de la moda, honestamente no sé a dónde se fue ese tiempo, pero estoy segura de que mi carrera no existiría sin el amor, soporte, brillantez y guía de mucha gente.

A mi familia:
Primero al amor que conocí en una cita a ciegas en 1997, David Licht. Eres el esposo más maravilloso que cualquiera puede soñar. Gracias por tu amor incondicional y apoyo en todo lo que hago (excepto ir de compras, *guiño, guiño*). Además de ser un compañero excelente, eres el mejor padre de nuestros hijos. Sé que estás orgulloso de mí, pero debes saber que el sentimiento es recíproco. Nada me hace más feliz que llegar a casa contigo cada día. Nadie me hace reír como tú. Te amo mucho... ¡mucho!

A mis hijos, Jonathan y Sabrina, fuente constante de orgullo e inspiración. No hay nada que disfrute más que escuchar sus risas o verlos descubrir cosas nuevas. Las palabras que salen de sus boquitas no tienen precio. Su visión del mundo es una lección diaria y reveladora para mí. A cambio, es mi responsabilidad enseñarles lo que sé. Este libro es el inicio de todo el conocimiento que espero transmitirles. Son todo para mí. Siempre, al despertar por las mañana o al acostarme por las noches, agradezco a mis estrellas de la suerte por ustedes. Estoy ansiosa por ver a dónde los llevarán sus caminos en la vida. Los amo más que a nada en el mundo.

A mis padres, Madelaine y el doctor Michael Bernfeld: me siento muy afortunada de ser su hija. Siempre me enseñaron la importancia de competir conmigo misma y nunca compararme con los demás. Me inculcaron la creencia de que los obstáculos sólo son pequeñas colinas que tengo que sobrepasar. Gracias a ustedes soy la persona que soy.

Mamá, eres el ejemplo más brillante que cualquier mujer puede soñar. Gracias porque siempre nos pusiste primero a Ilana y a mí. Me enseñaste a hacer lo mismo con mis niños. Te amo y admiro por tus valores, fortaleza y convicción. Siempre me enseñaste a levantarme y ser autosuficiente. Con tu sabiduría podría llenar otro libro entero. Tu amor y guía me han hecho la mujer, esposa y madre que soy. Me diste seguridad mucho antes de que tuviera alguna razón para tenerla.

Papá, no hay día que pase sin que piense en ti y lo que me dirías sobre cada cosita. Tu espíritu generoso en ayudar a otros ha sido una gran fuente de inspiración para mí y para este libro. Sé que mi pasión por ser mentora proviene de ti. Estoy segura de que si estuvieras aquí, tendrías pilas de mi libro para que todo mundo las viera. Gracias por mostrarme lo que significa trabajar duro por algo y lograrlo. Nada me enorgullece más que cuando la gente me dice que les recuerdo a ti. En verdad, tuviste el mejor corazón. Le diste todo a todos y estableciste un increíble ejemplo para mí. Te amo y te extraño mucho.

A mi hermana Ilana Yunis, una de las personas más asombrosas que conozco. Soy muy afortunada por haber crecido toda la vida con mi mejor amiga. De niñas compartimos nuestro gusto por Barbie y, por consiguiente, la moda. Gracias por permitirme cortarte el cabello y lavarlo con el champú "Lenny". Gracias por dejar que te metiera en mi maleta y dar la vuelta por ahí en el carrito de muñecas. Al crecer siempre fuiste mi verdadera confidente, la única persona a la que podía contarle cualquier cosa. Todavía lo eres. Gracias por tus consejos inteligentes y certeros. Gracias por apoyarme en todo lo que hago. Significa tanto para mí. He sido bendecida de forma increíble al tenerte a ti, a Steven, Serena y Micah en mi vida. Los amo mucho.

A mi tío Leo, quien ha tenido un papel más allá del esperado. En verdad eres especial. Gracias por brindarme siempre un oído o una mano para ayudar. Pero sobre todo gracias por compartir tu brillante sabiduría a través de mi vida. Mi amor a las palabras lo atribuyo a ti. Mi archivo "Unci" está lleno de cada post que has escrito sobre los niños. Es invaluable para mí y sé que algún día Jonhatan y Sabrina amarán leer cada palabra. Soy muy afortunada de tenerte a ti y a tía Andi en mi vida. Los amo y valoro mucho.

A mis abuelos Hilda e Isaac Wind y Anna y Sigmund Bernfeld, todos sobrevivientes del Holocausto: gracias por enseñarme el verdadero significado de la palabra fuerza. Sus vidas han sido una fuente constante de inspiración para mí. Gracias a ustedes crecí sabiendo lo importante que es apreciar la vida y no preocuparse por cosas sin importancia.

A mi cuñada, la doctora Michele Licht: gracias por tu apoyo, amor y amistad. Tú, Aden y Joshua significan mucho para mí. Los amo a ustedes y el tiempo familiar que pasamos juntos.

A mis antiguos y queridos amigos de toda la vida: Rachel Fass Schlau, Randi Marcus Hirsch, Robyn Rahbar y Mindy Amster London, gracias por siempre estar ahí para mí. Adoro nuestra amistad y todos los recuerdos que compartimos.

En el transcurso de mi carrera:

A Donna Karan: gracias por crear un mundo del que he sido parte los últimos diecisiete años. Tu pasión no tiene límites. Nunca olvidaré cuando Sabrina, a los tres años, estaba sentada en el piso de la sala de diseño mientras ajustabas un asombroso vestido de noche lleno de cuentas. Ella estaba sentada coloreando mientras yo esperaba a que terminaras para trabajar en el *show* del lanzamiento de prensa conmigo. Todo estaba en silencio hasta que Sabrina miró a la modelo y luego me preguntó con la voz más tierna y curiosa: "¿Va a comprar eso?". Nos reímos y dijiste: "¡Tal vez no!". Tuve que explicarle cuál era el trabajo de una modelo. Fue un momento que no tiene precio y es uno de los muchos muy especiales que he compartido contigo.

A Patti Cohen, mi ejemplo y mentora por más tiempo: hoy no estaría aquí sin ti. Punto. Fin del reporte. Aumentaste mis estándares y me enseñaste todo lo que sé. Desde la manera de terminar el enunciado de la otra hasta nuestra comunicación obsesiva-compulsiva, no puedo imaginar donde estaría sin ti. Hemos generado recuerdos que perdurarán toda la vida. Patti, tú y Harvey son verdadera familia. Gracias por todo. Has creído en mí desde el primer día y te estaré por siempre agradecida. Significas mucho para mí.

A Mark Weber, Tisha Kalberer, Lynn Usdan y Donna Dean: gracias por apoyar mi crecimiento en Donna Karan todos estos años y por permitirme seguir este proyecto especial.

Mis colegas anteriores y actuales son muy importantes para mí, ¡pero necesitaría otro libro para mencionarlos a todos! Aunque quiero dar un agradecimiento especial a Carla Morte, Sarah Lane, Danielle Vreeland, Natasha Weber, Jacki Bouza, Jenny Lee, Adam Lilly, Vanessa Kincaid, Peter Speliopoulos, Carole Kerner, Jane Chung, Mary Wang, Anthony Conti, Felita Harris, Stephanie Reiner, Jiyup Kim, Antonio Borrelli, Kathleen Boyes, Sharon Ainsberg, Caroline Lynch, Hans Dorsinville, Stacy Striegel, Richard Sinnott, Carmen Borgonovo, Kimberly Oser, Sasha Charnin Morrison, Yamile Diaz, Jolene Eyre Postley y Vanessa Fox Halpert.

A Jenna Blackwell, gracias por prestarme tu historia y ser una gran compañera. La introducción de este libro no habría sido la misma sin ti.

Gracias a Dave Kerper y Yuli Ziv, mis primeros amigos y apoyos en las redes sociales. He aprendido mucho de ustedes dos.

Ahora del libro:
Durante un verano de la preparatoria, tomé un curso de escritura de "flujo de conciencia". Me encantó. Pero fue hasta que empecé a tuitear cuando surgieron esas habilidades aprendidas en el pasado. Dos años después, empecé un blog. Las palabras y la narración me salían de modo natural, pero nunca pensé en escribir profesionalmente hasta que llegó la idea de hacer un libro. Es curioso cómo los caminos te llevan en diferentes direcciones.

Escribir este libro fue un gran placer. De hecho, lo escribí en tres meses. Todos los días, después de acostar a los niños, me sentaba a trabajar de las nueve de la noche a la una de la mañana. David me hizo una hoja de Excel donde registraba mis palabras diarias para que pudiera mantenerme en el plazo acordado. Me encantan las fechas límite, por eso me era fácil dedicarme a escribir cada noche (excepto los jueves porque TENÍA que ver y tuitear en vivo *Scandal*).

¡¿Setenta y cinco mil palabras en tres meses?! Asombroso, ¿no? Bueno, no tanto. Cuando tu estilo de escritura es improvisado, terminas con cientos de páginas sin ritmo ni sentido. ¡Digamos que no olvidaré editar este libro! Espero escoger las palabras correctas para ponerlas en papel. Para este fin, hay unas personas asombrosas que me brindaron sabios consejos y recomendaciones, a las cuales les agradezco con todo el corazón.

A mis editores Gretchen Young, Allyson Rudolph y al fabuloso equipo de Grand Central, gracias por creer en mí y apoyar tanto a *Deja tu huella*.

Gracias Lori Krauss, Jillian Straus y Rose Maura Lorre, por su invaluable sabiduría. Sus contribuciones con diferentes perspectivas me ayudaron más de lo que pueden imaginar.

Agradezco a Amanda Englander por su visión. Sin ti, este libro nunca hubiera existido. Tu dedicación y pasión por el proyecto no conoció límites y estaré por siempre agradecida.

A Tina Craig, Kelly Cutrone, Erica Domesek, Nina Garcia, Stacy London y Melanie Notkin: todas son unas *rock stars*, mujeres vanguardistas y amigas. Las admiro mucho.

Y al final, pero no menos importantes, a todos mis amigos de Twitter: ¡gracias! Sin ustedes no habría libro. Han expandido mi mundo de manera increíble. Gracias por dejarme entrar en sus vidas cada día. Compartimos una comunidad en el verdadero sentido de la palabra, comunidad de la que me siento muy afortunada y agradecida de pertenecer.

Deja tu huella, de Aliza Licht
se terminó de imprimir en enero de 2016
en los talleres de
Litográfica Ingramex, S.A. de C.V.
Centeno 162-1, Col. Granjas Esmeralda, C.P. 09810, México D.F.